ISBN 978-88-06-24761-4

Chandra Candiani

Questo immenso non sapere

Conversazioni con alberi, animali
e il cuore umano

Giulio Einaudi editore

Questo è un libro nato disordinato. E ho scelto di lasciarlo cosí. Perché ogni disordine ha un suo ordine interno e misterioso.

Forse è l'andatura della mente, forse quella del ricordo, forse è l'intenzione di essere volatile o l'aspirazione alla semplicità, in ogni caso è qualcosa di sfuggente che non vuole essere imbrigliato in un piano: come un animale o come un albero della foresta, non addomesticati, inutili, nel senso che non si curano di avere uno scopo, sono in vita e gli basta. Il disordine è questo essere cosí come si è seguendo un filo illogico di stare al mondo.

Il disordine di un libro lascia intravedere il suo sottotesto: niente da dimostrare, eccomi solo qui.

Un libro disordinato è un invito alla sovversione.

Questo immenso non sapere

Agli asini

In casa mia ci sono: una giraffa che guarda fuori dalla finestra del mio studio, allungando il collo, un lupo grigio scuro che fissa il vuoto e mostra i denti, un cavallo taciturno, un coniglio nervoso seduto su una seggiolina impagliata, sotto un ombrello. Nero l'ombrello, bianco il coniglio. Una tigre passeggia sul davanzale di una finestra. Un leopardo e un puma fanno la guardia alla porta della mia camera da letto. Un lupo e una cicogna stanno alla destra e alla sinistra di un Buddha che insegna. Un ghepardo e un asino stanno alla sinistra e alla destra di un Buddha che sorride sopra un modem.

In corridoio, appesa con la coda a una libreria sta una scimmia, di fronte a lei un cobra si snoda tra i volumi di un'altra libreria. Un ippopotamo si guarda in un piccolo specchio, in mezzo ai libri di meditazione.

In bagno, vicino allo specchio, ci sono un pavone e un ghepardo piccolo. Sulla mensola azzurra, una balena. Sulla vasca, uno dietro all'altro, un'anatra, un'oca, un cigno, una papera. Sospesa sulla tenda blu della vasca, una seconda balena.

Sulle scale del soppalco dove sta il mio letto, un lupo ulula a gola spiegata, un elefante sovrasta e protegge un Buddha che si illumina, un altro lupo si incammina con al fianco una matrioska vestita di nero con rose sbocciate, piccolissima.

Nello studio, sopra un portadisegni, ci sono una gallina, un asino, un coniglio, una capra, una pecora; piú indietro, perché in ritardo, un animale non ben identificato, un po' smarrito: sono in fila indiana e si capisce che stanno dirigendosi da qualche parte, anche abbastanza in fretta.

Tra i libri, un elefante color jeans legge una minuscola edizione del *Piccolo Principe*.

In cucina, sopra il frigo, abita un pinguino. Sul balcone ci sono un airone, un coniglio spelacchiato, una gallina arrugginita, un pulcinella di mare, una testuggine, due porcospini, una beccaccia, un rospo, un cervo, un paio di cammelli, una mosca, un drago.

All'entrata di casa, ci sono un elefante, un asino, una leonessa, un'upupa. «Ti stai dimenticando di me?» Ma certo, scusa, c'è anche una volpe.

In questa casa, c'è posto anche per me.

Fuori dalla finestra del mio studio ci sono due cedri del Libano giganti: hanno secoli. E un olmo siberiano, stanco, il piú vecchio di tutti. Si vedono anche spuntare dal giardino di fianco delle betulle, un po' stente, e un faggio rosso, ferito da un fulmine. C'è un cespuglio di lillà. Verso strada, ci sono molte automobili di diversi colori, ma piú che altro grigie e nere, accucciate in posizione di riposo e di attesa. C'è una fila di sofore del Giappone; una ha steso un ramo e sta per toccare la finestra della mia camera da letto, ogni primavera mi sporgo per vedere se riusciamo a toccarci: quasi ci siamo. Un po' piú in là ci sono degli alberelli piantati da non molto lungo la via. In primavera, i loro fiori bianchi puzzano tremendamente, un odore di olio rancido usato per friggere il pesce. C'è una striscia di prato malandato e secco con tantissime cacche di cane. Cani vanno e vengono, legati

4

al guinzaglio. Sempre meno gatti, quasi tutti spariti. Pochi merli, svaniti i passeri. Due o tre colombacci. Varie cornacchie.

Gli animali che abitano in casa mia, li ho collezionati pian piano, nel giro di qualche anno, senza capire bene perché. Poi un giorno mi sono ammalata, non era una cosa grave, alla fine, ma ci hanno messo tanto per la diagnosi e io ero sempre piú debole e stanca, stanchissima. Riposare serviva per non piú di quindici minuti, poi ero stanca di nuovo. Gli animali mi hanno aiutato. Erano tutti lí, silenziosamente piantati nella vita a ricordarmi una forza naturale, non coltivata. Un voler vivere, perché si fa cosí, perché lo dicono le cellule. Mentre io vengo da un luogo dove voler vivere era considerato volgare, codardo, e invece autodistruggersi avventuroso ed elegante. Ho obbedito agli animali. Sono andata nella direzione che mi indicavano loro.

Un sogno inconfessabile che ho è che al mio funerale vengano un sacco di animali, che gli umani restino a bocca aperta, spinti di qua e di là da un bel gruppetto folto di animali.

Credo che sia perché sono loro la mia famiglia. Mi hanno parlato senza parole quando ero piccola e sola, mi hanno toccato. Quindi, sarebbe un po' come dire: «Eccomi, torno a casa. Torno da voi».

Ho avuto un fratello che raccontava bugie meravigliose. Per esempio, che di notte gli alberi districavano le radici dalla terra e se ne andavano in giro, ma prima dell'alba ritornavano alla loro sede, in perfetta postura d'albero e nessuno se ne accorgeva. Non sono mai scesa a controllare. Solo, la notte è diventata molto movimentata e accompagnata da grandi esseri legnosi che si sgranchivano le radici, senza rivolgersi una parola.

Questo stesso fratello mi aveva costruito, con i tappi di metallo delle bibite, delle biglie favolose. A quei tempi tutti, soprattutto i maschi, giocavano a biglie con i tappi di metallo, detti tollini, su piste disegnate con il gesso bianco sull'asfalto dei marciapiedi. Ma i miei erano imbottiti, nel senso che lui ritagliava con maestria minuscole figure e le incollava sul fondo dei tappi. E perfino, siccome una volta li avevo dimenticati all'aperto sotto la pioggia e le figure erano sbiadite, creò dei tollini impermeabili, stendendo un sottile strato di cellophane trasparente sulle figurette prima di incollarle sul fondo del tappo.

Ma questo non c'entra.

I bambini mi guardavano storto, un po' invidiosi e un po' straniti da tollini cosí insoliti e senza scopo di gara, solo per bellezza.

Ma anche questo non c'entra.

Sí, però le figure erano tutte di animali.

E forse tutto questo c'entra con il fatto che alberi e animali mi hanno protetto l'infanzia, anche se non da un punto di vista scientifico né religioso.

Solo, mi hanno dato un'altra possibilità, un prezzo diverso al tempo, non di sola perdita, quasi una tradizione immutabile, una continuità dove si vive all'insaputa di sé.

Ho sempre avuto la sensazione scomoda e stupefacente di non sapere niente. A scuola mi sembrava che, anche studiando qualcosa, le lacune aumentassero a dismisura, fino a farmi smettere anche solo di provare a colmarle. Restavo allibita dal non sapere.

Lo stesso poi con la letteratura e con la poesia: piú leggevo e piú mi sfuggiva tutto di mano.

Imparando a meditare, sono entrata in familiarità lentamente, lentamente, con il non sapere. Mi accorgevo che meno sapevo piú sperimentavo. E piú tardi, cercando di passare agli altri la pratica della meditazione, mi sono accorta di come chi sa o crede di sapere molto sperimenta solo esperienze di seconda o di centesima mano, non è mai in intimità con niente, non trema davanti al non conosciuto e non si inoltra. Perché il sapere dell'esperienza non si può accumulare, l'esperienza inganna come tutto il resto, se credi di poterla ripetere quando ti addentri nei territori del non conosciuto. Non ci sono primi della classe, né esperti, né Maestri, se non quelli che ti spingono a conoscere in prima persona, a ferirti e medicarti, e al massimo ti preparano bende e cerotti per quando sosti un momento e li guardi disperato negli occhi: la disperazione dei cani quando non capiscono i nostri comportamenti discontinui. In ognuno di noi c'è un cane spaventato dalla discontinuità dell'esperienza.

Una buona pratica, preliminare a qualunque altra, è la pratica della meraviglia. Esercitarsi a non sapere e a meravigliarsi. Guardarsi attorno e lasciar andare il concetto di albero, strada, casa, mare e guardare con sguardo che ignora il risaputo e vede ora.

La pratica della meraviglia è una pratica che cura anche il cuore piú ferito della terra.

Si può andare a trovare un piccolissimo pezzo di prato, un pizzico di prato c'è sempre, anche in città. E guardare. A lungo. Si apre un universo minimo. Infinite vicende, mutamenti, arrivi, partenze, forme sempre piú piccole man mano che lo sguardo si limita a vedere. Esercitare la meraviglia cura il cuore malato che ha potuto esercitare solo la paura.

Avere amici animali e vegetali, praticare la vista meravigliata e meravigliosa introduce al sollievo dell'impersonalità. Perché andare in profondità meditando non è solo l'archeologia della storia personale, ma anche sentire che non c'è *persona*, assaporare la sofferenza senza cadere nella rete del raccontarsela, ma lasciando che sia lei a raccontare, se ha qualcosa da rivelarci, e sentire che i suoi racconti servono solo a renderci piú precisi nella compassione verso noi stessi, piú acuti nel riconoscere il *c'è* della sofferenza in noi e attorno a noi. Impersonalità non è diventare invisibili e innocui, ma innocenti, consapevoli della propria fragilità e della propria capacità di nuocere, consapevoli del *c'è*. Consapevoli anche di splendere. E splendere. Perché *c'è*, e perché i bambini guariscono in fretta se sono compresi e curati: non gli piace essere malati e lo stesso fa il cuore, anche un vecchio cuore.

Accorgersi che anche la gioia, come la sofferenza, è un *c'è*, e che è diversa dall'allegria; non vuole essere dimostrata: se a un animale viene da sorridere, sorride anche se è nel deserto, non vuole essere visto, non vuole essere non visto. Dunque, la gioia c'è ed è una gioia che tiene conto del nostro dolore, non un'allegria che lo cancella. È una gioia su misura, che ci conosce bene.

Gli animali e gli alberi insegnano a non sapere, a tollerare di stare al mondo senza l'ossessione di capire. La loro assenza di controllo mi pare renda il loro mondo non piú minuscolo, ma anzi vastissimo, misterioso.

Sanno abbandonarsi, conoscono e insegnano una fiducia primaria e radicale.

Una volta chiesero al grande Maestro Ajahn Chah cosa fare per chi avesse subito ferite profonde dagli esseri umani e lui rispose di far vivere la persona danneggiata circondata dalla natura e avvolgerla di *mettā*. *Mettā* è una parola pali che significa «gentilezza amorevole» o «benevolenza».

Una persona molto ferita dagli altri esseri umani ha bisogno di altri regni. Per questo accosto alberi e animali, perché il regno vegetale e quello animale possono ospitare i sogni dei bambini rotti e dargli provvisorio asilo. E non solo i sogni: possono anche risvegliare una lingua innata che resterebbe assopita se la comunicazione con gli umani funzionasse meglio.

Ho pochissimo senso dell'orientamento, soprattutto in città. Certe volte nei boschi mi perdo, sento uno spavento tuonante, tutto si staglia immobile come non riconoscendomi, espellendomi. Poi, mi ricordo il linguaggio dimenticato. Dico: «Per favore alberi, mi sono perduta, per favore…» Succede sempre qualcosa. Un albero ascolta e si fa notare. Un ramo si sposta, la vista cambia, uno scorcio si rivela fatale, un altro propizio.

Uno degli attributi del Buddha è *lokavidū*, «il conoscitore dei mondi». Non di uno solo. Appunto.

Mi ha dato molto sollievo scoprire negli scritti del Buddha che noi siamo fatti di terra, acqua, fuoco, aria, e spazio. Cinque elementi che combinandosi e danzando fanno un corpo che respira, che pensa, sogna, ama, nasce e muore. Morire fa sí che il fuoco torni al fuoco, l'acqua all'acqua, l'aria all'aria, la terra alla terra e lo spazio allo spazio.

È anche molto rasserenante percepire in sé i cinque elementi. Seduti, camminando, in piedi o sdraiati possiamo chiudere gli occhi e sentire la solidità, la densità, l'estensione, il limite, la resistenza: il nostro essere terra. Oppure la fluidità, la connessione, la flessibilità, la forma: essere acqua. O quel nostro improvviso accenderci in un respiro o in un passo, vitalità, impulso, luminosità, calore: siamo fuoco e aprendo gli occhi mettiamo il mondo a fuoco. La leggerezza, la fugacità delle sensazioni, le variazioni, i cambiamenti repentini, le vibrazioni, l'essere toccati e sfiorati da milioni di sensazioni: è l'aria che vive in noi. E infine siamo spazio: apertura, spaziosità, dove tutto è ignoto e possibile. La coscienza che contiene l'universo. La disposizione a restare aperti e presenti, a riposare nella vastità. Vasti nel vasto.

Un giorno tutti gli elementi torneranno alla fonte. Cosa resterà di noi? Una bella domanda da tenere in tasca al cuore.

Sono un'esperta di sottotesti. Ho studiato alla scuola della crudeltà. E in città. In mezzo alle buone maniere. Ai discorsi intelligenti. Alle adulazioni e ai sottili razzismi. Mi sono sentita indifesa e sguarnita, finché non ho imparato l'indelebile arte della decifrazione.

Gli animali ti assalgono, ti azzannano, ti pungono, ti graffiano, ti minacciano. Di recente, in una via cittadina, ho visto un cane legato con il guinzaglio a un palo, era umiliato e furente. Mi sono avvicinata, gli ho parlato un momento, poi ho fatto per allungare discretamente una mano verso di lui. Mi ha mostrato i denti e ha ringhiato. L'ho salutato e me ne sono andata pensando: «Che gentile! Mi ha subito avvertito, stai in là, sono furibondo».

La cultura occidentale divide i mondi tra finito e infinito, attribuendo al finito un carattere opaco e muto e all'infinito la trasparenza e il senso. Ma io, e forse tutti i bambini solitari, prediligevo il muto e vedevo attraverso l'opaco. Era la vita nuda e cruda, i fenomeni, che mi davano il senso piú alto del mistero; la trasparenza era guardare con simpatia nell'opaco. Giocare a nascondino era scoprire il mondo senza di me. Osservare gli animali era conoscere la natura del vivente e l'affidamento a qualcosa che ci sorpassa.

Nascosti da soli in un fitto di alberi siamo trasparenti eppure accolti, siamo un insieme privo di somiglianze e di peculiarità, vivi e basta.

Un paio di anni fa, ero su un'isola bellissima e feroce. Il mattino, stavo per tuffarmi nell'acqua blu di una baia, quando mi hanno detto: «Ferma, è pieno di meduse, meglio non buttarsi». Io, senza ascoltare l'avvertimento, sicura nella mia idiozia, ho risposto: «Ma tanto ho la maschera...» Mi sono tuffata e ho cominciato a nuotare, scrutando i fondali con grande attenzione e sentendomi molto accorta e furba. Dopo pochi minuti, una medusa mi ha avvinghiato un braccio, ustionandolo. Mi sono rimasti larghi segni circolari, in fila come i tatuaggi di un maori, e ci hanno messo molto tempo a sgonfiarsi e a smettere di bruciare.

Solo dopo ho decifrato l'insegnamento della medusa: «Non basta la vista abissale, mia cara, guardati intorno, la tua vista periferica è molto carente: ora te lo scrivo sul braccio sinistro, cosí non te lo dimentichi piú».

Ho convissuto con molti gatti. Nell'infanzia, li dividevo soprattutto con mia sorella Anna. Li «dividevamo» nel senso letterale del termine: lei diceva che i gatti erano suoi dalla testa a metà schiena e miei da metà schiena a tutta la coda. Quindi, potevo accarezzarli solo in quella zona, che non è proprio la loro preferita, ma pazienza. D'altra parte la coda... anche solo da guardare era la prova che gli extraterrestri esistono. La sensibilità della coda di un gatto è un capolavoro di antenne e radar e sensori con l'aggiunta di musica classica e jazz.

I gatti, tra i tanti addestramenti a cui mi hanno sottoposto, mi hanno insegnato le distanze sonore, non invaderli, ma nemmeno ignorarli: ron ron è «Sono qui e tu sei lí, bello!»

Una volta mi è stata regalata una gracula religiosa, altrimenti detta merlo indiano, chiamata da me Eco. In India, le sentivo spesso gracchiare sui banyan vicino alla stanza in cui dormivo. Insieme alla gracula, era arrivata anche una grande voliera, ma io cercavo di tenere Eco libera il piú possibile, per lo meno nella mia stanza. La gracula aveva imparato solo due suoni nuovi, il nome di un uomo, un po' storpiato, e il suono dello sciacquone del gabinetto che confinava con la mia stanza. Ci avevo messo un po' a capire che si trattava di quello, ma una volta afferrato era proprio inconfondibile.

Eco restava libera soprattutto quando nella stanza c'ero io, a leggere e a scrivere. Altrimenti sarebbe stato pericoloso, perché vivevano con me anche due gatti, la gatta Noè e suo figlio Dylan, ribattezzato poi Ganesh per motivi religiosi, perché meditava parecchio.

Un giorno, mentre leggevo a voce alta alcuni miei versi appena scritti per coglierne meglio il suono, scorsi Eco piegare la testa a destra poi a sinistra, fissandomi; continuai a leggere e dopo un po' lei lanciò il suo gracchio piú lusinghiero in assoluto. E cosí scoprii che ascoltava la musica delle poesie da giorni, senza dirmi niente. Allora, decisi di leggerle sempre i miei versi: e alcune volte scuoteva la testa, disturbata, altre la piegava ora di qui ora di là – tra perplessa e indecisa –, e altre ancora si accendeva e grattugiava l'aria con il suo verso di approvazione. Una lettrice formidabile e dai gusti precisissimi in fatto di musicalità, ma forse anche di altro, un'inafferrabile qualità per i miei poveri sensi abituati al senso.

Un giorno però la porta era rimasta socchiusa, la gatta Noè, grande cacciatrice di pipistrelli e piccioni, si infilò nella stanza e iniziò a dare la caccia a Eco, che volò in cucina, il regno di Noè. Acchiappata con un balzo e ferita a morte, crollò sul pavimento e, dopo che l'ebbi accarezzata e accompagnata nel suo ultimo volo fuori dal corpo, venne sepolta sotto l'oleandro che si vede dalla mia finestra. Un grande dolore, la perplessità di Noè, il corpo per sempre fisso e vuoto di Eco – un uccello fermato a terra è il piú morto dei morti –, la lettrice perduta. L'impossibilità di far convivere due esseri tanto diversi e amarli lo stesso entrambi.

Ce lo si dimentica, ma anche noi umani abbiamo un cuore, e perfino la capacità di silenzio: è vero. Gli animali sono educatori del cuore. Gli alberi del suo silenzio.

Non si incontrano di frequente persone con il cuore vivo. Ci sono tantissime persone intelligenti e anche attente e perfino sensibili, ma il cuore vivo è una qualità piuttosto rara. Anche perché varia, un giorno lo è e il giorno dopo no, un giorno dorme e il giorno dopo è ottuso, un giorno canta e poche ore dopo piange. Però, quelli sono i climi del cuore. Il cuore è una dimora. Ma non ha muri, è sconfinato. Per questo è anche pericoloso, perché invece il corpo i confini li ha e vanno rispettati. Il cuore ha un'apertura e una chiusura flessibili, ha i cardini. Il cuore può essere addestrato come si fa con un cavallo, o coltivato come si fa con un orto.

Quand'ero piccola, mi è stato detto spesso che ero senza cuore. Per questo, ho cominciato a stendere una mappa molto precisa del tragitto verso il cuore, o quello che penso sia il cuore.

È importante sapere da dove partiamo, riconoscere l'aridità del terreno o la focosità del cavallo, senza falsità né virtuosismi. Fare l'opposto di quello che sentiamo davvero: fare i buoni, i virtuosi, è creare una persona artificiale che prima o poi mostrerà i denti o distribuirà bocconcini di veleno avvolti in carta argentata. Coltivare il cuore significa prima di tutto essere consapevoli di cosa sentiamo, essere onesti fino ad arrossire, a noi stessi possiamo dirlo. Ogni malvagità o meschinità accolta nella consapevolezza del cuore si trasforma in qualcosa di diverso. Scopriamo che dietro ci sono una paura, un tremore antichi e negati, oppure che c'è pronto un silenzioso clown che ci indica quanto siano anche umoristiche la nostra cattiveria, gelosia, invidia, tetraggine, falsità. Mai forzare però: chi forza crea quella stucchevole sensazione di accoglienza di tutto che è solo dimostrativa e in realtà nasconde un'avidità di sottomettere tutti quanti alle proprie maestrie di prestigiatore del sorriso e dei bei gesti.

Partire da dove si è e augurarsi il bene è opera di bonifica.

Già, ma cosí potrebbe sembrare che solo io so cos'è e dov'è il cuore e come funziona: sarei una specie di immusonito cardiologo spirituale. Quindi, è bene dire come ho steso la mappa per andare al cuore e cosa ho trovato. La mappa si stende ogni volta che si sente male, il punto di partenza è il crepacuore, quando si smette di far finta di niente a ogni frecciata, ogni graffio, ferita e pugnalata.

Succede dopo averne prese tante da sembrare uno scolapasta approssimativo e dopo essersi accorti che non è utile a nessuno. Perché a un certo punto si smette di guardarsi attorno con aria torva e si decide di osservare il male anziché scovare il malfattore. Allora, si scopre un percorso puntiforme fatto di sensazioni vergognose – di abbandono, vendetta, fallimento, rivincita, desertificazione, furore –, e di crepe freddissime e di zone quiete, un po' lacustri e un po' paludose, sospese poco sopra la terra della propria storia, fatte di spiazzi aperti con ampia vista, dove il sentire diventa limpido e solo, senza narrazione. Poi si respira dentro al male raccolto e anche dentro a quello inferto (che non fa meno male, anzi) e allora si allarga la trama del tessuto, le sensazioni si stemperano e si intravede di lontano un orizzonte e se è molto buio anche le luci delle stelle. Procedendo sempre a cavallo del respiro. Quindi si stendono mappe celesti, del tipo: la prossima volta che vai in pezzi, non cercare di restare insieme, spolverati sul paesaggio interiore finché scopri un puntino intatto. Credo proprio che si chiami cuore o luogo fondamentale o nucleo inviolabile o orto della tenerezza. Quando chiudi gli occhi, lascia andare ricordi e anticipazioni e resta nella vastità dello spazio, senza darle nomi.

Ci sono poi le mappe terrestri: la prossima volta che ti colpiscono, anche con uno spillo nascosto nella manica del sorriso, urla forte: «Ahi!», poi gira le spalle e vattene al piú presto.

Oppure mappe d'emergenza: ferma la mano di chi sta per colpire, spostati e lascia che il colpo cada nel vuoto, fai un silenzio cosí profondo che il colpo trovi ad aspettarlo solo l'eco.

Ma anche: prima di colpire, rifletti. Prima di colpire, esita. Prima di colpire, ricordati che male fa. Trasforma il colpo in parola precisa e disarmata. Aggiungi alti dosaggi di silenzio, di ascolto di cosa senti davvero in quel preciso, instabile momento.

In sintesi, sapere cosa sia e cosa senta il cuore è una faccenda di cicatrici, segui la cartina muta delle ferite e trovi il luogo spoglio che chiamano cuore. Da lí in poi, guardati intorno e parla pure. Lascia segnali per tutti gli altri che seguiranno le loro piste, le loro cicatrici, per arrivare alla stessa spoliazione.

Andare verso il cuore significa non imparare niente di nuovo, ma ricordare quello che sappiamo già da sempre e che è stato coperto, oscurato. Per il Buddha i veleni che oscurano la naturale radiosità del cuore sono l'ignoranza (ignorare la sofferenza e le sue cause), l'avidità e l'odio. Ricordare, dunque, è un lavoro di scavo, di svelamento, di pulitura.

Il cuore abita nel corpo, non c'è altro luogo in cui sentirlo, altrimenti è idealizzazione o sentimentalismo. Il cuore parla nel corpo con vibrazioni, soprassalti, laghi di quiete, silenzi montanari. Il cuore è un'improvvisazione musicale costante. È un luogo a cui dare del tu: «Come stai, cuore?»

Si racconta che a una delle serate letterarie in casa di Tolstoj una volta si presentasse Anton Čechov e che al suo ingresso Tolstoj si fosse rivolto al proprio vicino, domandando: «Chi è quella persona?» Aggiungendo: «Quell'uomo ha un'intelligenza del cuore». Čechov era solo entrato nella stanza, cosa aveva visto Tolstoj?

Il Maestro Zen e reduce del Vietnam Claude AnShin Thomas scrive in *Semi di pace*: «In tutta la mia vita, quando cercavo di parlare di queste cose [della guerra e delle sue conseguenze traumatiche], le persone se ne andavano sempre via dicendo: "Oh tu sei troppo ipersensibile. Non posso avere a che fare con te. Devo andare". Sono arrivato a comprendere che ciò che realmente volevano dire era: "Relazionandomi con te sto toccando parti di me stesso che non voglio toccare. E non ti voglio intorno per ricordarmi quello che non voglio toccare"»[1].

Esistono cuori feriti e anche cuori rotti.
Scrive il poeta Jack Hirschman:

Vai al tuo cuore infranto.
Se pensi di non averne uno, procuratelo.
Per procurartelo, sii sincero.
Impara la sincerità di intenti lasciando
entrare la vita, perché non puoi, davvero,
fare altrimenti.
Anche mentre cerchi di scappare, lascia che
    ti prenda

---

[1] C. A. Thomas, *Semi di pace*, Associazione La Rete di Indra, Roma s.a., p. 26.

e ti laceri
come una lettera spedita
come una sentenza all'interno
che hai aspettato per tutta la vita
anche se non hai commesso nulla.
Lascia che ti spedisca.
Lascia che ti infranga, cuore.
L'avere il cuore infranto è l'inizio
di ogni vera accoglienza.
L'orecchio dell'umiltà ascolta oltre i cancelli.
Vedi i cancelli che si aprono.
Senti le tue mani sui tuoi fianchi,
la tua bocca che si apre come un utero
dando alla vita la tua voce per la prima volta.
Vai cantando volteggiando nella gloria
di essere estaticamente semplice.
Scrivi la poesia[2].

C'è una cura per il cuore ferito e rotto, per i suoi pezzi e per farlo ritornare intero: è la gentilezza amorevole.

[2] J. Hirschman, *Sentiero*, in Id., *Volevo che voi lo sapeste*, a cura di R. Marzano e S. Iagulli, Multimedia edizioni, Salerno 2004, p. 185.

In un paese con un piccolo lago, c'è un olmo vecchissimo, cosí vecchio che sono rimaste solo le radici e la corteccia spaccata, all'interno è cavo, come prosciugato. Assomiglia a un anziano signore tutto pelle e ossa.

Ai suoi piedi, c'è un cartello di ferro con una citazione di Confucio: «Il momento migliore per piantare un albero è dieci anni fa. L'altro momento migliore è ora».

Esistono nel Buddhismo pratiche che aiutano la scoperta dei territori del cuore, insegnano a entrarci, percorrerli, spazzarli e abitarli, e a sentirne la mancanza quando siamo altrove, e a non confonderli con le nostre idee sentimentali e con le instabili emozioni. Si chiamano *Brahma-vihāra*, che significa «dimore divine», dette anche «gli incommensurabili». Esistono luoghi come l'universo, che non si possono misurare: il cuore è uno di questi luoghi.

Le dimore divine sono quattro: *mettā*, la gentilezza amorevole, *karuṇā*, la compassione, *muditā*, la gioia per la gioia dell'altro, e *upekkhā*, l'equanimità.

Sarebbe come dire che il cuore ha territori immisurabili e che è possibile dimorarci.

Bisogna salvare le ferite. Non lasciarle sole, sperdute nell'idea fissa della medicazione e della guarigione. Bisogna interrogare le ferite e aspettare le risposte. La risposta alla ferita siamo noi. I nostri gesti, le nostre possibilità accolte o respinte, i tremori e gli assalti rispondono tutti alle ferite.

Perdere una ferita significa perdere una segnaletica importante per un viaggio dentro le orme dell'esistenza, un viaggio che ci accomuna e ci distingue, ci fa cantati, cantati dalla vita cruda.

E poi c'è l'amore. Mi fa spavento scrivere questa parola. Comprende tutti i tipi d'amore. E come si fa a contenerli? e come ci chiamano? come mai bussano? e come mai bussiamo noi all'amore? e che cos'è e quanti sono? e che relazione c'è tra l'amore e gli amori? E poi osservare gli animali e gli alberi e imparare altre grammatiche d'amore. Voglio conoscere tutti i legami, dai piú lievi ai piú robusti.

Mai sottovalutare l'amore di alberi e animali. Ci sono animali che riconoscono al primo sguardo un bambino rotto e accorrono piú veloci di un pensiero e gli fanno festa. Me ne accorgo? E ci sono alberi che non vedono l'ora di essere abbracciati, che nell'abbraccio assorbono tutte le pene e le malinconie e dopo non si sentono importanti. Ci sono alberi che ascoltano per ore i racconti dei bambini spaccati e poi, come per caso, lasciano cadere ai loro piedi una foglia o una bacca. Ci sono alberi che toccano e ci sono alberi che fremono quando si passa, una volta che si è entrati in confidenza con loro. Basta accorgersene, ricevere questi amori di altri regni e non montarsi la testa, perché alberi e animali lo fanno con tutti noi, assolutamente con tutti, purché siamo disponibili e ne abbiamo bisogno.

Nata in inverno, riconosco il cuore nudo degli alberi in dicembre.

Mettā è una dimora illimitata che si può scoprire scavando nel nostro cuore. Scavando, dissodando, arando, seminando, innaffiando. È stata sporcata, sconciata, sepolta, ma in realtà è una tendenza naturale in noi. Quando un gatto socchiude gli occhi e ci guarda. Quando un albero si muove nel vento vibrando con le foglie in cerca di saluti. Quando riceviamo una musica nelle orecchie disposte a non fare nulla. Quando balliamo da soli in casa a occhi chiusi.

In molti paesi orientali le persone sono naturalmente gentili e ci fanno riconoscere la stessa possibilità in noi. Non si può mimare la gentilezza, sarebbe cortesia. Non si può non conoscere l'odio e pensare di poter conoscere l'amorevolezza. Non si può pensare di inoltrarsi nella gentilezza amorevole senza essere stanchi dell'attaccamento feroce.

Un'immagine che ne dà il Buddha è quella di una mucca con il suo vitellino. Un'immagine animale per una sottilissima attitudine spirituale. Perché *mettā*, come le altre dimore divine, è piú un atteggiamento che un sentimento.

Un verso del poeta e tessitore indiano del '400 Kabīr dice: «O mio cuore, non andare altrove».

Insegnare al cuore a stare a casa, a non lasciare mai il luogo inviolabile, ma a amare da lí, dal centro pulsante che non conosce differenza sé/altro ma non si lascia rapire da niente e da nessuno.

Conoscere le ombre fitte del cuore, i veleni che ricoprono la sua radiosità e sconfinatezza. Abbandonarli con indomabile fiducia e audace pazienza. Guardare il buio per far scaturire la luce: luce trasparente sulla nostra opacità.

Mettā va chiamata, e lei risponde. Desiderarsi gentili non significa essere sempre avvolti da un sorriso e dire di sí a tutti; è un orientamento: ci volgiamo verso l'amorevolezza e ci lasciamo trasformare.

Mettā è benevolenza, coltivare la capacità di benedire, e benedire tutti e tutto, chi ci piace e chi non ci piace, chi ci salva e chi ci opprime. Per questo, il suo esercizio ci invita ad allenarci inviando il bene a varie categorie di esseri, con frasi semplici e non manipolatorie, non volte a ottenere alcunché ma solo ad ammorbidire il proprio cuore. Dico esseri e non persone, perché animali e alberi sono inclusi.

Si porta per primo al cuore un benefattore, qualcuno che ci ha fatto del bene. E si inviano silenziosamente frasi ampie come: «Che tu possa stare bene e essere contento, che tu possa vivere protetto, che tu possa vivere con facilità». Si tiene presente, vivo, l'altro essere e si manda la benedizione senza attaccamento al risultato, senza preoccuparsi di raggiungerlo: solo un invito, solo un dono. E ci si mette in ascolto di cosa succede al nostro cuore.

Si passa poi a inviare gli stessi auguri di bene a se stessi. E in questo caso, oltre a comprendere le frasi che si inviano, ci si ferma a riceverle. Cosa non da poco e non scontata, saper ricevere il bene da se stessi.

Segue un essere che consideriamo amico o amica del cuore, qualcuno che ci fa nascere involontariamente un sorriso. Mandargli il bene è la prosecuzione di quel sorriso. Evochiamo poi un essere neutro, non ci piace né ci dispiace particolarmente, qualcuno che sta un po' sullo sfondo della nostra vita, una comparsa, un passante. Riconosciamo la sua vita, la benediciamo, inviamo le frasi di gentilezza amorevole per il semplice fatto che esiste.

Si passa poi al cosiddetto "nemico", qualcuno che ci ha ferito. Cosa accade al cuore augurandogli comunque il bene, senza cancellare il male, ma ospitandolo in nudità? Si conclude inviando il bene a tutti gli esseri in tutte le direzioni dello spazio.

Mettā ci porta cosí a una non ricercata, non insistita coralità. Piano piano viene da sé che il cerchio del canto si allarghi e raggiunga tutti gli esseri, senza distinzioni. Un piccolo essere che canta benedicendo tutto quanto e tanti altri esseri che fanno lo stesso, un coro di benedizioni senza scopo e senza richiesta di prove, solo canto.

Certo, ci vuole allenamento, all'inizio può venire a galla l'odio, la ribellione, il disgusto. È perfetto: si nota, si sente e si inviano le frasi d'augurio a se stessi. *Mettā* non è immediata, ci vuole lavoro. Solleva le nebbie, il non sentito, il rancore, l'indifferenza. Va tutto bene, è il fango che si alza e viene a galla, per lasciar intravedere la limpidezza del cuore vuoto, il suo essere oltre la persona.

È importante non reificare questa pratica incommensurabile, questo luogo dove il cuore può rinascere, non farne una magia di controllo dell'esistenza propria e degli altri, è solo un canto, un augurio di bene, nient'altro. Si sa che la gratuità ha ampie conseguenze, ma non è questo il punto. Il punto è conoscere l'oscuro in noi e invitare a farsi vivo il limpido, e diffonderlo intorno a noi senza confini e senza puntare ai risultati.

Il cuore è di tutti, non c'è solo un cuore mio o tuo o suo: c'è un cuore che non appartiene a nessuno e risuona, è impersonale e fluido, *è*, senza proprietari.

Quando ero giovane, ero quasi muta, imbarazzavo tutti con il mio silenzio, finché non sono arrivata in India. E con gli indiani, che sono molto chiacchieroni, ma anche disarmati e quindi disarmanti, abbiamo cominciato a ridere dei miei silenzi. D'altra parte li facevano anche loro, ma erano silenzi senza tensione, silenzi da animali, cioè da creature, ogni tanto parlati, ogni tanto no. Ho imparato una parola che ride, ma non deride, un silenzio insieme, un non cancellare tutto il paesaggio intorno per effondersi in un cieco dialogare, ma dirsi spesso: «Oh, guarda!» o «Senti?» o solo sorridersi in silenzio. Ma senza paura della parola.

Quasi tutti gli animali che ho conosciuto e con cui ho vissuto hanno deciso loro di avvicinarsi a me, mi hanno scelta. L'ultimo dei gatti di cui sono stata custode è stato Zivago. Era spuntato non so come nel piccolo giardino condominiale sotto casa. Nero, con uno sparato bianco e due calzini candidi (uno dei due sembrava bucato, per via della macchia di pelo nero che copriva lucidissimo il resto del suo corpo). Miagolava imperativo come se chiamasse qualcuno. Dopo un paio di giorni, i condòmini hanno iniziato a dirmi: «Il suo gattino...» Non era affatto mio, ma tutto quello che era strano nel condominio era mio. Solo che forse in quel caso era stato anche profetico. Un giorno Zivago, ancora anonimo, riuscí a salire le scale e si mise a grattare alla mia porta. Era mio.

È iniziata una storia tostissima, lui voleva uscire quando gli pareva e tornare magari verso l'una o le due di notte, urlando scandalizzato dal giardino se non scendevo immediatamente ad aprirgli. In piú, si considerava una specie di fidanzato sbruffone e antidipendente. Felicissimo dopo che un compagno se ne andò per sempre, saltava sul tavolo a pranzo (a cena era quasi sempre in giro) e un boccone a me e uno a te... non c'era modo di farlo scendere.

Poi è arrivato un altro compagno e all'inizio Zivago gli ha fatto un sacco di sgarbatezze, compreso fissarlo negli occhi mentre orinava sopra la sua borsa da viaggio, per poi decidere di andare a vivere in campagna con lui e di vedermi solo i fine settimana, scendendo atletico dai tetti, ma con un'aria sbadata, del tipo: «Ah sí, ciao, già è vero che ci sei anche tu».

Era epilettico, svanito come se vivesse con un suo film davanti agli occhi, ironico, un vero attore da teatro russo: poteva sollevare una zampetta e rivolgersi ai presenti come un mendicante che mostra a tutti le sue parti sofferenti, per poi, dimenticandosene, saltare dal tavolo senza un fremito.

Detestava chi veniva a meditare a casa, soprattutto quando facevamo la meditazione camminata (una quindicina di persone che camminano lentissime per tutta la casa). Lo faceva impazzire, cominciava a girare per le stanze facendo ticchettare le unghie delle zampe come fossero zoccoletti e fissando tutti con stupita riprovazione. Poi mi si avvicinava e mi fissava, girandosi ogni tanto verso i camminanti e trasmettendo: «Ma tu li vedi!? Hai visto cosa fanno? Ha senso secondo te? Camminano ovunque. Cosa fanno? Fanno agguati?» Sí, avevo capito, per un gatto camminare cosí lenti è la preparazione di un agguato, ma non riuscivo a rassicurarlo. Si metteva davanti alla porta di casa e ululava. È andato a vivere in campagna. Quando è morto, l'abbiamo seppellito nel bosco. C'è una pietra sopra la terra, per i tassi e i cinghiali che altrimenti se lo sarebbero mangiato.

Certi cani per strada, talvolta, mi vedono e vorrebbero conoscermi, mi fissano, cercano di avvicinarsi ma il padrone o la padrona subito li trattiene e li sgrida. Allora, mi guardano scusandosi: «Mi spiace, sono legato a questo tizio». Certe volte ci giriamo entrambi per un ultimo sguardo. Ho preso l'abitudine di salutarli quasi tutti, li guardo e sussurro «ciao» verso di loro e loro fanno un cenno piú o meno intenso. Altri invece se ne vanno con gli occhi altrove, ma lo so che il saluto gli è arrivato dentro al pelo.

Zivago odiava le carezze. Camminava muovendo le spalle come un bullo. Ovunque fosse, aveva sempre l'aria da randagio urbano. Se altri gatti lo assalivano, si limitava a urlare fortissimo, tipo ambulanza.

Per un lungo periodo, la notte, in cucina rovesciava la pattumiera per mangiare i resti che trovava perché era abituato a vivere cosí, e mangiava bucce di patate e di mela, carciofi, noccioli di olive e bucce di melone. Vegano per forza di cose. Ma volentieri assaggiava gocce di vino, poi si sdraiava sul balcone con una zampa buttata oltre la ringhiera. Un Oblomov in pelliccia.

Una volta, ai tempi della nostra solitudine insieme, mi sono sdraiata sul divano e mi sono messa a piangere, un pianto silenzioso ma disperato. Mi sono sentita sfiorare da qualcosa, mi sono girata e Zivago era lí a osservarmi con una compassione che in vita mia ho visto soltanto un'altra volta, negli occhi di un monaco. Appena ha incrociato il mio sguardo, Zivago si è voltato, mettendosi a guardare fuori dalla finestra. Ma ormai avevo visto e non dimenticherò mai quello sguardo, lo stesso del monaco. E forse anche guardare fuori verso il cielo non era solo una finta, un depistaggio, forse il suo sguardo mi indicava la vastità dello spazio.

Durante un ritiro, a colloquio con il monaco che lo guidava – che non sapeva nulla di me e della mia storia –, dissi che soffrivo di paure folli, terrori immotivati che si presentavano di notte, e nei suoi occhi affiorò lo sguardo della compassione, lo stesso di Zivago, come un affacciarsi da un pozzo profondissimo a rivelare l'intimità e la confidenza con qualsiasi sofferenza. Poi, dopo un momento di silenzio, mi disse: «Ci saranno mattine in cui non vorrai nemmeno alzarti dal letto, né vedere altri esseri umani intorno, accucciati sotto le coperte al buio e al caldo e non venire alla prima meditazione».

Incontrare un essere, in forma di gatto o di umano, che ascolta le tue vibrazioni e non solo le tue parole è un dono indelebile.

Il cuore può diventare un tempio. Accade contemplando.

La parola «contemplazione» rimanda al gesto del sacerdote che interrogava gli dèi per conoscere il loro volere attraverso il volo degli uccelli. L'àugure, con un gesto ampio della sua bacchetta, circoscriveva la parte di cielo che avrebbe osservato. Il tempio sarebbe dunque uno spazio libero dove lo sguardo può vagare. E contemplare è volgere lo sguardo verso qualcosa che risveglia rispetto, silenzio, mistero, velata risposta.

Guardare con questo atteggiamento tutto quello che visita il cuore fa di *ogni* visitatore una presenza sacra, un messaggero misterioso da accogliere, anziché indulgere nelle emozioni che ci piacciono e scartare quelle che non ci piacciono.

Per gli antichi pittori cinesi la pittura è la relazione armoniosa tra la mano, l'occhio e il cuore.

Da alcuni anni, ho difficoltà a far comprendere a chi medita con me il valore del silenzio al di fuori della stanza di meditazione. Non il semplice tacere, ma quel silenzio che arriva a noi e che, riempiendoci della dolcezza e delicatezza del contatto misterioso con il cuore nostro e dell'altro, spegne la chiacchiera e fa sentire il momento presente. Allora, non c'è bisogno di spiegare che prima di una seduta di meditazione chiacchierare sbadatamente, sbadatamente salire le scale, togliersi cappotto e scarpe senza vera cura, non è l'atteggiamento giusto perché ci possa visitare la quiete, il silenzio vivo, l'arrivo di una visione profonda. Ci vuole preparazione: «il faut s'habiller le cœur», come spiega la volpe al Piccolo Principe.

Invece, si spengono i cellulari pochi minuti prima di arrivare, poi si comincia a chiacchierare con gli altri, si entra incuranti di quello che passa in noi e fuori di noi e infine si pretende, appena seduti, di accedere a uno spazio sgombro. È triste fare del silenzio una regola.

Dove non c'è piú la mistica ci sono le regole. «Mistica» è parola di origine greca, la cui etimologia rimanda al verbo *miein*, che significa «chiudere, tacere». Chiudere gli occhi, e anche la bocca. «Mistico» è ciò che si connette al mistero, ciò che lascia senza immagini e senza parole, e a cui si addice il silenzio e il riserbo, affinché non sia svilito e frainteso dal linguaggio convenzionale, discorsivo. Perché il mistero tocca la vera natura umana, nascosta dietro la superficie dell'apparenza: dunque il silenzio è spesso opportuno, non perché si tratti di esperienze sublimi e incomunicabili, ma perché il linguaggio convenzionale non riesce a tenere insieme gli opposti, il sacro e il mondano, il presente e il tempo, la verità e la menzogna, la naturalezza e l'artificio. E l'esperienza meditativa è proprio questo al di là degli opposti, che non li nega ma li raccoglie in un unico abbraccio.

Dove non c'è piú la mistica ci sono le regole, e per me anche un senso di malinconia e di fallimento nella trasmissione di ciò che fa chiudere la bocca.

La compassione va oltre le regole. Se non abbiamo la fortuna di esserlo già da sempre, come si diventa compassionevoli? Stando con la propria crudeltà, con l'indifferenza, sentendola, contemplandola e rinunciando ad agirla. Non negare i cosiddetti sentimenti negativi, ma anzi percepire il peso, il sapore, il restringimento dello spazio della coscienza che portano con sé è il primo passo verso la compassione; farsi spazzini del cuore, anziché arredatori di luoghi non visitati, non puliti a fondo, con lo sporco nascosto sotto un impeccabile tappeto.

Chi crede di essere buono è pericoloso. Solo conoscere la propria capacità di nuocere e addestrarsi a non esercitarla può far accedere alla bontà fondamentale, o intelligenza del cuore.

Karuṇā, la compassione, significa letteralmente il trasalimento del cuore alla vista della sofferenza. La sofferenza degli altri, ma anche la propria. Quando soffriamo, pensiamo di aver fallito o di aver sbagliato qualcosa, ci accaniamo a cercare le ragioni, ci sgridiamo, ci stanchiamo di noi stessi, ci lasciamo soli. Non è possibile, trattandoci cosí, pensare di poter avere compassione per gli altri, perché prima o poi spunterà la stessa severità che abbiamo nei nostri confronti. Non c'è misurabilità della sofferenza, non c'è gerarchia, ma se non ci apriamo alla nostra, andremo costantemente in cerca di enormi sofferenze e scarteremo tutte quelle che ci sembrano piccole o ingrate o inconsistenti. Come la nostra. O al contrario, se abbiamo avuto una vita dura, ci sarà sempre e solo la nostra sofferenza, e quella degli altri apparirà astratta o risolvibile, la vivremo come una perdita di tempo e cercheremo sempre lo spiraglio per poter ricominciare a parlare della nostra, che ovviamente non ha mai una soluzione, perché ogni soluzione, anche solo ipotizzata, ci offende.

Gli esseri naturali, animali e alberi ma anche rocce, fiumi e montagne, sono presagi. Spuntano ora qui ora là e qualcosa in noi sussulta e poi ricorda. Noi ce ne siamo andati, ma loro vivono ancora a casa. Stanno lasciando il pianeta, si estinguono, vengono sterminati, eppure, quando qualcuno di loro ci investe d'immagine, avvertiamo bene di essere gli estranei in confronto a loro, i veri abitanti della Terra. Pochi giorni di vita all'aperto in inverno senza difese e moriremmo. Siamo dei soldati della sopravvivenza: case, caloriferi, aria condizionata, frigoriferi, automobili, aerei, vestiti, occhiali, dentiere, acqua potabile, acqua calda, protesi su protesi per tirare avanti.

Il mio compagno, che è un ecologista, mi ha portato a visitare un posto dove vivono varie specie in via d'estinzione per potersi riprendere la vita e venir poi riportate nelle loro zone d'origine.

Tra di loro, c'era un tapiro con il suo piccolo. Camminava in una zona fangosa e umida senza badare minimamente a noi. A un tratto ho sentito la fine di un'èra: non di un'epoca, ma proprio di un'intera èra. Il tapiro camminava come se fosse una chiesa. Vedevo davanti a me un contenitore di sacralità tenuto in vita come in un museo, in equilibrio su un sottile bordo tra la vita e la morte. Non era indifferente: era altrove, nella memoria della sua vera vita. Apparteneva a un mondo che non c'è piú. Ho sentito salirmi dentro degli urli spaventosi. E la vergogna, tanta vergogna di appartenere al genere umano.

«Niuna cosa maggiormente dimostra la grandezza e la potenza dell'umano intelletto, né l'altezza e nobiltà dell'uomo, che il poter l'uomo conoscere e interamente comprendere e fortemente sentire la sua piccolezza. Quando egli, considerando la pluralità dei mondi, si sente essere infinitesima parte di un globo ch'è minima parte d'uno degl'infiniti sistemi che compongono il mondo, e in questa considerazione stupisce della sua piccolezza, e profondamente sentendola e intentamente riguardandola, si confonde quasi col nulla, e perde quasi se stesso nel pensiero dell'immensità delle cose, e si trova come smarrito nella vastità incomprensibile dell'esistenza; allora con questo atto e con questo pensiero, egli dà la maggior prova possibile della sua nobiltà, della forza e dell'immensa capacità della sua mente, la quale, rinchiusa in sí piccolo e menomo essere, è potuta pervenire a conoscere e intender cose tanto superiori alla natura di lui, e può abbracciare e contenere col pensiero questa immensità medesima della esistenza e delle cose»[3].

---

[3] G. Leopardi, *Zibaldone di pensieri*, 3171, Einaudi, Torino 1977, p. 580.

Pensiamo che gli animali vivano tutta la vita per sopravvivere e riprodursi e alla fine muoiano senza capire niente. Fanno agguati alle prede, anche gli insetti, graffiano a morte, beccano, assalgono, sbranano. Non parlano. Non capiscono quando noi parliamo. E allora?

Vedo questi pensieri umani intorno agli animali, li conosco. Vedo anche loro, gli animali, quelli con cui ho vissuto, quelli intravisti, quelli che temo, quelli di cui ho repulsione, e sento che non conosco la loro lingua, le loro tantissime lingue, ma che spesso ci capiamo. Vedo che salvano. Che ammazzano. Che muoiono spaventati, sereni, addolorati. Vedo che odiano e vedo che amano, che conoscono la compassione, abitano la gioia come fosse la loro natura, esistono nella sofferenza con garbo e con rassegnazione.

Uno psichiatra, che mi diede una grande mano calda e nessun farmaco durante un periodo dolorosissimo, mi disse: «Chandra, la paranoia è un buonissimo modo per vedere cosa gli altri ci stanno facendo».

Mai avuto bisogno della paranoia con gli animali.

La pratica della compassione, di *karuṇā*, inizia portando al cuore, evocando, un essere (di nuovo, non necessariamente un essere umano) che sappiamo che sta soffrendo. Richiamiamo la sua immagine, non lo pensiamo, lo chiamiamo e lo vediamo, lo sentiamo vicino. Quando c'è, quando è vicino, iniziamo a sentire la bellezza del legame, del filo invisibile, anche quando fa male. E da quel mal di cuore partiamo per inviargli frasi di auguri: «Che tu sia libero dalla sofferenza, che tu possa aver cura di te, che tu possa trovare le giuste cure». Sentire il legame non significa precipitare nell'altro e restarne sommersi, non sarebbe piú un legame, ma un'identificazione, una fusione che non fa bene a nessuno dei due. Sentiamo il leggero filo forte che ci lega, lo onoriamo e poi mandiamo le ampie frasi di auguri che non significano che pretendiamo di salvare, di fare magie, ma solo che trasaliamo e vibriamo per la sofferenza dell'altro. Il Buddha non era un salvatore, ma un uomo che al suo Risveglio si è trasformato in una strada e l'ha lasciata aperta a tutti, ha insegnato a percorrerla. Era una Via antica, piú antica di lui, che conduce fuori dalla sofferenza. La sofferenza di soffrire, di ignorare il dolore e le sue cause, la sofferenza di non smettere di aggrapparci e di respingere quel che ci capita. Uscire dalla sofferenza significa riscrivere la relazione con la gioia e con il dolore, con noi stessi e con gli altri, attraversare, traghettare. Significa piena accoglienza di qualsiasi cosa ci capiti. Questa accoglienza prepara all'azione, è non agire in attesa dell'azione intonata.

Proseguendo nella pratica della compassione, passiamo quindi a sentire la nostra sofferenza e ad augurarci di esserne liberi. Sentire la propria sofferenza significa non essere piú identificati, sentirla come un tuono, come un gelo, come un fuoco. Dove? In quali punti del corpo? Senza narrazione, ci inoltriamo sulle sue tracce, nelle sue zone e ascoltiamo, assaporiamo, raccogliamo. Geografi della sofferenza, impariamo l'arte della conoscenza, la sua gioia. Non è piú cosí importante quale sia l'oggetto del conoscere, piacevole, indifferente o spiacevole: conta di piú il movimento della conoscenza del flusso di sapori, fino a quello della vastità in cui tutto si svolge, il cuore smisurato della compassione.

Ovviamente per arrivare a sentire la sofferenza come un oggetto di conoscenza ci vogliono tempo e addestramento, può emergere rabbia, desiderio di vendetta, senso di colpa, disperazione. Vanno sentiti uno a uno, nel loro tessuto, consistenza, tono, non credendo a quello che dicono ma anche non giudicandoli come malvagi e respingendoli negli angoli bui. E c'è il contenitore, c'è lo spazio in cui tutto questo affiora e si muove e prima o poi si dissolve. Lo spazio resta, e assaporare lo spazio sgombro del cuore fa respirare l'illimitato, apre a un'assenza di categorie che è vitalità del silenzio.

Inviare a se stessi le frasi di augurio, «che io possa essere libero dalla sofferenza, che io possa averne cura», e soffermarsi a riceverle, ci porta in dono quello che abbiamo sempre cercato altrove.

Mi pare fosse in quarta elementare, la maestra ci faceva fare un esercizio che si chiamava «Ricchezza del vocabolario». Insegnava parole nuove e poco usate, le spiegava e poi noi dovevamo scrivere un pensierino su ciascuna parola per far capire che avevamo capito. Un giorno la parola era «quintessenza». E io scrissi: «Il buio è la quintessenza del bue». Segnato in blu con scritto: «Non hai capito il significato».

Tornata a casa un po' abbattuta dall'esclusione dal significato, fissai il gatto nero che viveva con noi insieme ad altri tre, e nella mia mente confabulante spuntò il pensiero: «Forse avrei dovuto scrivere "Il buio è la quintessenza del gatto"! Ecco, ecco, il bue non c'entra niente perché non è nero».

Adorati animali vi avrei messo ovunque, anche in aritmetica.

Oggi, mesi dopo aver scritto questo ricordo di scuola, mi imbatto in questa frase di Novalis: «La quintessenza di quello che ci colpisce viene detta natura».

E qui ora ci vorrebbe l'ululato di un lupo esultante.

Io non so piangere. Ho chiesto a tante persone di insegnarmi, ma non ci riesco. Anche da piccola piangevo pochissimo. Ero piú ghiaccio che acqua che scorre.

E poi è arrivato il Coronavirus. Ho imparato a piangere. Non me l'ha insegnato nessuno. È venuto da sé. Piango per gli altri.

Il virus ha portato anche ordine nella mia vita.

Appena guarita da un malessere durato sei mesi, è arrivata la pandemia. Non ero a Milano, ma dal mio compagno, nella campagna piemontese, perché pesavo come un uccello dopo l'inverno e dovevo riprendermi. All'inizio ho aspettato di stare meglio e poi non sono piú potuta tornare a casa. Anche qui è stata quasi subito zona rossa, poi lo è diventata tutta l'Italia. In tanti mi dicevano: «Sei protetta, beata te». «Come sei fortunata, resta dove sei». Questa sottolineatura su chi soffre di piú fa sempre male, ma il peso della fortuna è un bel peso da portare se si resta con quel che c'è, senza commenti.

E la fortuna c'è: è un bosco vicino a casa dove, purché ci vada da sola, posso camminare ogni giorno perché non incontro nessuno. E quale modo migliore di andare in un bosco che andarci da sola?

E durante una telefonata un'amica, trasformatasi per un attimo in Baba Jaga, mi ha detto, con voce di carbone: «La fortuna si alleggerisce con la gratitudine». Vero, cosí vero: dopo il male, il cuore ha iniziato a ballare.

Sono abituata a essere tagliata fuori, cosí ascolto le notizie della mia città, delle amiche, degli amici, di qualche parente e il cuore si stringe e avverto l'irraggiungibilità e quel «beata te» che fa sentire oltre le barricate, soli come cani stupidi sdraiati al sole durante la guerra.

Comunque, il bosco c'è e mi consola anonimamente ogni volta che ricevo una ferita umana.

Sono uscita con pezzetti di cuore che spuntavano dal costato, ma avevo la giacca a vento, rossa. Sull'asfalto della strada che porta al bosco ho visto un rospo schiacciato, con le budella fuori. L'ho portato fino all'erba che affianca la strada, vicino a una piccola roggia. Lasciandolo ho pensato: «Chissà se gli altri rospi lo sanno». Dopo pochissimo, ho sentito degli strani versi provenire dalla roggia, come qualcuno che mangia una mela a piccoli morsi rotondi. Mi sono avvicinata con un po' di spavento: tre rospi mi guardavano negli occhi. Uno d'oro come il fango, un altro grande e verde e uno piú piccolo sopra di lui, immobile, con perle d'acqua ai lati della schiena: la magia minuta che ricuce i pezzi del cuore e lo rimette in sede. Saper cogliere i nessi quanto bene fa.

Il poeta bretone Eugène Guillevic ha scritto[4]:

Se un giorno vedi
che una pietra ti sorride
andrai in giro a dirlo?

[4] E. Guillevic, *Se un giorno...*, trad. it. di G. Labriola, in Fabio Doplicher (a cura di), *Antologia europea*, Stilb, Roma 1990.

Un'altra volta stavo anche peggio: quelli che muoiono soli, i parenti che restano senza rivederli, le sirene delle ambulanze – che sono sempre tante vicino a casa mia e chissà ora –, i medici e gli infermieri che muoiono per non far morire e lo considerano semplicemente il loro lavoro. L'ostilità che sento in alcune telefonate, l'amore malinconico in altre. Mi sono fermata perché ho visto un piccolo di cerbiatto scappare; mi sono bloccata per rispettare la sua fuga e contro il buio del bosco ho avvertito una sorta di maestà, e guardando meglio ho scorto una grande cerva grigia, una cattedrale, immobile, con gli occhi fissi su di me. Dopo pochi minuti altri tre cuccioli sono corsi via; solo allora la grande cerva e la sua maestosità si sono voltate, tenendomi d'occhio e, molto lentamente, se ne sono andate tra gli alberi, verso l'alto.

Fa male perché è invisibile, fa male perché non ha un luogo, fa male perché di solito il "Primo mondo" è sempre al sicuro e guarda al telegiornale le tragedie degli altri, fa male perché la tua trasgressione, anche piccola, ammazza gli altri. Fa male perché colpisce a morte i vecchi e chi è già malato e lo si sottolinea, come a dire che colpisce gli scarti. Fanno male i numeri. Fa male immaginare le vite vuote. Fa male sentire amici che si sentono offesi personalmente. Fa male quando senti amici buonissimi che se la cavano, soprattutto quelli vecchi, non si lamentano, ti chiamano spesso per dirti che ci sono, ci sono ancora. Raccontano tutto quello che stanno togliendo dalle loro vite, con semplicità: un conteggio alla rovescia. Fa male perché senti che in tanti riempiono la vita casalinga allo spasimo, come facevano con quella all'esterno. Fa male perché alla fine sembra sempre che quelli che capiscono siano i soliti quattro gatti. Fa male perché ce lo si aspettava, non è vero che è per tutti una sorpresa. Il pianeta sta male, l'abbiamo distrutto, trattato come un luogo da saccheggiare, lo diciamo da tanti, tantissimi anni. Fa male perché non è una punizione, è causa-effetto. Fa male perché i grandi non capiranno che bisogna fermarsi: non si può, la loro è una visione antropocentrica e di costante appropriazione che non sa cosa significhi fermarsi e rivoluzionarsi. Fa male perché è osceno non saper piú stare soli e fermi.

Dopo pochi giorni ero cosí stanca di parole, spiegazioni, proposte, faccende, trasposizione telematica dell'irrequietezza generale, da cui già mi sentivo circondata prima: mi sono sentita cosí sola che stavo per chiudere ogni contatto. Poi, mi sono ricordata che da tanti anni medito anche con altri, oltre che da sola. E allora ho scritto a chi pratica con me: «Ogni sera dalle 18,30 alle 19,15 mi siedo in silenzio, respiro, poso i pensieri, benedico il mondo. Chi vuole sa che io ci sono».

Siamo tanti adesso, nessuna tecnologia, un appuntamento d'amore.

Non lo odio, il Coronavirus. Certe volte gli parlo. Sta facendo il lavoro dei virus. Non mi piacciono i linguaggi di guerra, la terminologia da combattimento: «Vinceremo, sconfiggeremo, lotta al virus». Il Coronavirus siamo noi, indifferenti alla distruzione del pianeta. Indifferenti all'invasione costante di habitat non nostri. Indifferenti al disgelo dei ghiacci artici che conservano da secoli chissà quali sconosciuti batteri. Indifferenti alla spettacolarizzazione costante di tutto. Alla mancanza di silenzio. Di ascolto senza consigli. All'attesa quieta per poter capire. Non posso avere un atteggiamento di guerra e di bandiere. Non posso essere eroica. Sono un cane steso al sole e penso al virus, a come sta. Tremo, gli chiedo chi è, visto che per alcuni studiosi non può nemmeno essere incluso tra i «veri viventi». Gli chiedo com'è essere qualcosa che muta di continuo. È obbligato a essere un parassita, si moltiplica all'interno di cellule di altri organismi, non ha scelta.

Forse alla prossima mutazione ti dissolverai? Forse sarai innocuo? Te ne andrai silenzioso come sei arrivato, dopo aver travolto le nostre vite e averci offerto cosí tanti insegnamenti che probabilmente dimenticheremo in fretta.

Non so quanto rimarrò qui, non so se tornerò, non so dov'è casa, non so quando e se potrò riprendere gli incontri di meditazione: la cosa piú probabile è no. Una porta sbattuta sul muso del cane festaiolo. Il cane del cuore non capisce quando è tempo di lutto, ci vuole un po'. Perdonalo.

Spesso il cuore è triste, come una coppa piena di lacrime che galleggia sulle onde, non è una tristezza personale, e l'impersonalità è generosa e trema insieme a tutto il resto.

Non voglio tornare a prima. Non ho nessuna normalità a cui fare ritorno.

Mi sento ancora nel tempo solo guardando tutto il dolore che viene a galla. La solitudine morale che mi ha accompagnato nell'ultimo anno. Sentire che non c'entravo. Non c'entravo con la città, con la sovranità, anche quella culturale, con lo sfoggio delle personalità, con le illusioni sempre piú attillate, con le mamme e i bambini ai giardinetti, con i cani al guinzaglio e con l'assenza di gatti e passeri. Con i palloni gonfiati e con il mio spillo in tasca. O in bocca, forse.

Non c'entravo con i conquistatori, anche di una briciola di mondo, ma sempre con quell'aria smaniosa e avventuriera. Tutti impegnati, tutti indaffarati a riempire ogni minimo vuoto. Sono sempre stata a casa. Disadatta al fuori. Guardo con occhi di un UFO, oggetto volante non identificato. Né terrestre, né celeste. Bestia. Che parla. Dico come ci si sente dal mondo basso, polveroso e inquieto. I senza parola parlano con il silenzio. Anche quando urlano. E offrono le scie. Se segui le scie, vedi cosa sta facendo il mondo.

Certe volte «io» non è piú un pronome personale, è un soprannome che dài al tuo cuore. Allora sei in buone mani. Le tue vuote mani inutili, posate in grembo in attesa del prossimo respiro.

Un asino, bianco, chiese a una donna molto piccola: «Chi sei?»

«Tua amica», rispose la donna.

«Chi sono io?», chiese l'asino.

«Mio amico», rispose la donna.

«Si chiama corrispondenza», disse l'asino e accettò l'erba che la donna molto piccola gli andava offrendo.

Questo virus che mentre uccide gli umani salva la Terra, fa risplendere i balzi degli animali, e permette agli alberi di musicare in pace fiori e foglie, porta a galla memorie, storture, incompiutezze, spedizioni nel buio interrotte, parole inghiottite in fretta, pulisce lo spazio tra passato e futuro, due sogni. Mentre, come dice Kung Fu Panda: «Ieri, è storia... Domani, è un mistero... Ma Oggi, è un dono! Per questo si chiama Presente».

Una volta, prima di una lettura pubblica di poesie avevo molta paura. Sono andata da un albero e gli ho chiesto: «Come faccio?» Lui è stato per un po' in silenzio, poi ha detto: «Non essere meravigliosa».

In un'opera d'arte comunitaria, durata tre giorni, di Maria Lai a Ulassai, in Sardegna, un nastro celeste lega gli abitanti del paese alla montagna. Nasce da una leggenda del luogo: una bambina sale sulla montagna per portare da mangiare ai pastori rimasti bloccati dal temporale in una grotta insieme con il bestiame. C'è un vento forte e i lampi squarciano il cielo. La bambina consegna il cibo ai pastori nella grotta e, guardando all'esterno, vede un nastro celeste trasportato dal vento. I pastori cercano di trattenerla, ma la bambina corre fuori per inseguire il nastro e in quel momento la grotta frana seppellendo pastori e bestiame.

Fai il tuo dovere con gli adulti, ma quando arriva il nastro del sogno rincorrilo a gambe levate.

Legarsi col sogno alla montagna è arte celeste dello spostamento.

Ero al monastero quando ci fu lo tsunami. La scuola di Buddhismo a cui appartengo è quella thailandese della Foresta. Molti thailandesi venivano al monastero, ognuno con qualche storia terribile da raccontare. Come i vecchi e i bambini che scappavano troppo lentamente e venivano travolti dalle onde. L'abate ascoltava in silenzio, poi ripeteva: «Che grande opportunità di risveglio!»

Ecco la compassione, che non è consolazione né pietà: è accompagnare (non spingere) al bordo del baratro e dire: «Senti, senti cosa dice».

Ora, in questo tempo tragico, mi dico: «Fidati del non conoscere. Che grande opportunità di risveglio hai». E sento che non ho fiducia nel cambiamento generale, ma mi fido dell'orizzonte.

L'orizzonte si sposta sempre, è umano, creato dalla vita e dalla vista umana; ma non solo, anche tanti miti e storie e cosmologie sono nati dall'orizzonte. L'orizzonte è mondo e oltremondo, mi fido perché è nomade, perché è il luogo dei sogni, degli sguardi che non vogliono afferrare, perché lí scompare il sole e ne appare un altro il mattino dopo.

Perché lí sorge la luna a viso aperto, e poi scompare a fasi, gli a capo lunari, i morsi del buio che ti mangia

a bocconi e poi ti fa tornare intera per essere di nuo-
vo divorata e di nuovo fatta intera. Questioni di luce
e di ombra che l'orizzonte tiene insieme.

C'è in noi un bisogno radicale di riconoscimento che non ha niente a che fare con l'ammirazione, la stima, la fama. È come un bisogno di benedizione, di parentela o almeno di familiarità, di iniziazione superata, di passaggio a stirpe che ti sceglie all'improvviso e ti dà il nome.

Una volta, sono andata a vivere per un mese in una casetta in una foresta di una piccola regione francese. Era un *secadou* – quelle casine di pietra dove un tempo si seccavano le castagne –, che qualcuno aveva adattato a semplicissima abitazione, ed era circondata di castagni secolari.

Appena arrivata, ho sentito il bisogno di presentarmi agli alberi, almeno ai piú anziani e vicini a casa, per chiedere il permesso di restare. Mi sono avvicinata al piú vecchio, mi sono inchinata e poi, accostandomi ai rami, gli ho detto che, se per lui e per tutti loro andava bene, sarei rimasta a vivere lí per un mese e che chiedevo la sua protezione. Un ramo si è spostato, con la grazia che solo i vecchi conoscono, e si è posato con le sue foglie proprio sulla mia testa. Non c'era vento. Sono rimasta immobile, impietrita dallo spavento dell'amore che si realizza, dalla risposta. Ho sentito come se un padre grande e sconosciuto, in silenzio, mi mettesse una larga mano sulla testa per benedirmi e riconoscermi. Ho lasciato scendere le lacrime, restando fermissima, finché la persona che era con me è venuta a chiamarmi: allora gli ho fatto segno con il dito sulla bocca per chiedere il nobile silenzio e gli ho indicato il ramo sopra la mia testa. Piú tardi gliel'ho raccontato.

Nei giorni successivi, ho guardato l'albero di mattina presto, di pomeriggio e di sera, l'ho salutato dalla finestrina della stanza in cima alla casetta, ma non ho piú osato avvicinarlo, se non per una vaga carezza, passando. Non volevo chiedere prove. Ero certa.

Il giorno della partenza, sono tornata a inchinarmi e a salutarlo, la "cosa" si è ripetuta, identica.

Sono stata riconosciuta e benedetta da un castagno molto vecchio. Non potrà mai esserci un riconoscimento pari a questo.

Mai come in tempi di emergenza e di distanza forzata si sente l'essenzialità dell'insegnamento delle dimore divine. Poter inviare il bene da lontano, e inviarlo con precisione, fa di noi dei disciplinati postini che consegnano a domicilio anche nelle ore notturne auguri di bene, vicinanze trasparenti, strette delicatissime, carezze. E molti mantelli custodi.

Bisogna preparare il cuore, dargli il tempo di sentire, senza preferenze e opinioni, lasciare che il cuore scelga e si permetta di percepire. La tristezza quieta e vibrante che tira i fili e ci richiama a ospitare il male senza paura di contagi e danni irreversibili si chiama compassione.

Allora ci sediamo e chiunque arrivi alla nostra mente lo inviamo gentilmente al cuore, gli facciamo una cuccia. E non facciamo niente, solo ospitiamo, accarezziamo con il respiro, inspiriamo ed espiriamo insieme. Tutto il corpo, tutto il pensiero è un augurio di bene, senza decidere quale sia il bene giusto.

Portare al cospetto del cuore anche chi o che cosa ci crea turbamento e dolore, chi ci ha fatto torto, la relazione finita o rotta, e non fare niente: limitarsi ad assistere alla cura del cuore, alla trasparenza della nuda ospitalità. Forse niente si aggiusterà, certe volte c'è una risonanza nella realtà contingente e l'altro risponde, ma spesso quel che è rotto resta rotto; solo, i pezzi non sono piú acuminati, non feriscono piú: stanno. E noi contempliamo senza alcun parere né posizione. La cura del cuore è l'affidamento alla legge dell'impermanenza e della causa-effetto, ovverossia del *karma*. Affidandoci si calma la smania della riparazione e della rottura definitiva, affidandoci non sappiamo e aspettiamo. Quieti.

Quando chiudiamo gli occhi vediamo l'oscurità. Spesso non ci facciamo caso, perché popoliamo subito lo schermo vuoto di immagini, pensieri rapinosi, sogni, paesaggi. Ma si può anche contemplare l'oscurità. Gli occhi fermi del cuore guardano morbidi l'oscurità senza forma e si lasciano disfare lo sguardo. Liquefare opinioni, sicurezze, memorie, racconti abitua a contemplare l'oscurità di quando non capiamo, non afferriamo. Un incantato momento per non solidificare l'esperienza, per attraversarla come un pesce attraversa la massa d'acqua in cui vive senza domande.

Mentre lasciamo che il sottile movimento dell'oscurità ci smonti, possono arrivare le rivelazioni. Di colpo, *sappiamo* perché abbiamo abbandonato qualcuno, perché siamo stati abbandonati, perché ci disperiamo, perché stiamo scoppiando di vita: piccoli frammenti ci raggiungono e *sappiamo*. Il sapere oscuro salta nessi e passaggi e ci rivela verità nascoste da sedimenti di buon senso, di tempo, di facce da salvare, di dolori da cui difendersi.

Nei *Fratelli Karamazov*, lo starec Zosima dice: «Colui che mente a se stesso è certo il piú suscettibile d'offendersi»[5]. Se a poco a poco lasciamo che le nostre

[5] F. Dostoevskij, *I fratelli Karamazov*, trad. it. di A. Villa, Einaudi, Torino 2014, p. 60.

storture si staglino attraverso il buio e ci raggiungano navigando placide, cosa ci potrà piú offendere? Solo quello che non ci appartiene, e allora non c'è bisogno di offendersi: basta restituirlo al mittente perché l'indirizzo è sbagliato.

Ultimamente, mentre medito o anche nel vivere ordinario, quando vedo qualcosa di brutale in me, nodi del cuore, spaventi, invidie, gelosie, menzogne, rabbie e furie, tutto quello che fa parte dei nostri bagagli di tenebre, dopo il primo movimento di paura, vergogna e biasimo, o desiderio di distogliere lo sguardo, mi fermo e mi dico: «Magnifico! Sto bruciando la furia, sto bruciando la gelosia…» E sento il leggero crepitio di carta e ossa che fa uno stato "buio" quando viene visto, accolto e dissolto per autocombustione. Dopo ti senti piú intera, piú vasta, piú ricca di chiaroscuri e soprattutto piú leggera.

Essendo sfollata in un piccolo paese di campagna dove la strada finisce, il momento in cui tocco piú acutamente l'emergenza in cui viviamo è quando vado a fare la spesa al supermercato di un altro paese, una spesa che duri almeno una settimana. All'inizio era sconcertante ma quasi subito mi sono accorta che ritornavo a una mia immagine di sopravvivenza all'infanzia: la bambina salva-tutti. L'ho capito quando il mio compagno, vedendomi arrivare al posteggio con il carrello pieno, mascherina e guanti, mi ha detto: «Sembri un soldatino!» E mi sono sentita proprio fotografata: cosí mi sentivo, un cosacco alto un metro e mezzo, del peso di 39 chili, ma molto determinato e rapido. E cosí mi offro volentieri.

La prima volta, in coda, mi è sembrato di essere sotto una misteriosa dittatura: dopo mezz'ora di attesa all'aperto, un poliziotto privato ha fatto segno di entrare, poi però ha bloccato la fila proprio davanti a me. Finalmente entrata, un altro poliziotto ha gridato: «Venticinque! Stop!», ma io ero tra i venticinque ammessi. Mi sono mossa rapidissima tra i reparti, afferrando la merce che mi ero scritta in grande, in modo da non dover mettere e togliere gli occhiali, su un pezzo di carta, che sbirciavo con occhiate tecniche e brevi. Ogni tanto, da un altoparlante una voce di donna diceva: «Siate veloci nel fare la spesa, ci sono altri che aspettano fuori dopo di voi». E anche: «Non riempite troppo i carrelli, vi assicuriamo che gli alimentari saranno sempre disponibili». Tutto questo mi rendeva ancora piú "piccola vedetta rifocilla famiglie dissidenti". Ero cosí determinata che qualcuno mi ha chiesto: «Sa dove sono le sottilette?» Non lo sapevo, disgraziatamente.

Poi, tornata a casa, ripulire ogni pacco come fosse infetto mi è sembrata un'azione che praticavo da sempre, come ci fosse stato solo un lungo intervallo di scontatezza, e ora si fosse ricominciato a sapere com'è pericoloso vivere.

Mi sa che non l'avevo mai dimenticato, e adesso sono adeguata.

In un tempo dove il tragico è manifesto sembra irriverente parlare di gioia, eppure è proprio questo che fa la gioia, si infila dove è inaspettata, crea bagliori impensabili per chi vuole restare murato nel buio come per una legge di fedeltà alle conseguenze di chi è piú offeso dalla vita e dai suoi colpi.

La gioia spunta improvvisa dal corpo, dallo sguardo che innocentemente ammira uno spiraglio luminoso nel buio, da una parola "sbagliata", che invece è molto piú appropriata di quella corretta, da una nuvola.

E se la riconoscenza alleggerisce il peso della fortuna, la condivisione dà peso alla leggerezza della gioia. Si dice che si può dedicare al Buddha anche il volo di un uccello.

Cosí, in tempi che falciano, non è vergogna sentire frammenti di gioia e dedicarli a chi soffre, anche a noi certamente, ma è difficile, anche se non impossibile, che un postino scriva a se stesso. A dire il vero, certe volte io mi scrivo delle mail in cui racconto a me stessa come sto, mi faccio auguri, mi ravvivo e mi fiancheggio. Spesso iniziano con: «Cara Chandra, in questo momento…», e mi chiariscono di che momento si tratti, come farebbe una nonna con una nipotina a cui vuole spiegare il dolore.

Comunque, un postino diligente porta messaggi

agli altri; essendo poi un postino invisibile e anonimo non si addentra mai a controllare che siano arrivati, se lo augura e basta.

Di solito, un momento di bellezza sa sempre a chi vuole essere dedicato, altre volte ci vuole una ricognizione precisa e altre ancora si va un po' in cerca di immagini o di suoni e poi in un soffio solo si dice: «Ti dedico questa farfalla che si finge foglia». «Ti dedico questo merlo che prova la voce arrugginita dalla pioggia».

Fa bene portare l'attenzione alla gioia, che si nasconde discretamente quasi in ogni momento, e fa bene spedirla a qualcuno che non lo sa ma ne ha bisogno.

Muditā è la terza delle dimore divine, «la gioia per la gioia degli altri». Non è poi cosí rara se non ci fermiamo al regno umano, dove invidia e gelosia, desiderio di supremazia e di appropriazione tagliano lo sguardo. Quando vediamo qualcosa che sentiamo come bello, spesso stiamo individuando la gioia di un essere. Credo che l'aprirsi di un fiore ma anche il suo spuntare siano forme di esuberanza di energia, ma lo siano anche le sobrie foglie che cadono, il momento magico in cui si staccano dal ramo: totalmente dipendente dalle condizioni esterne, eppure... solo quel momento, preparato da giorni di assottigliamento e fragilità, solo quel momento è prontezza al volo, alla morte.

Come gli animali stanno tranquilli nel non conosciuto con occhi enigmatici e il mistero scritto sulla pelliccia o sulle piume, come gli alberi, che hanno gesti dettati dal vento e sanno aspettare senza discussioni che le condizioni cambino, forse sono visibili forme di gioia: la gioia di conoscere la via per incontrare il non conosciuto.

Lao Tzu dice: «Quello che tocchi senza afferrare si chiama sottile».

Forse è cosí che ci si educa a vedere la sottigliezza della gioia, non afferrandola e riconoscendola anche dove è grazia dell'abbandono.

Allora forse dalla gioia impersonale degli esseri abbandonati alla legge naturale si può passare alla gioia umana, e anziché scattare immediatamente nel giudizio, nell'invidia o nella gelosia, augurare loro semplicemente che duri. Si sa che è effimera, fragile, si sa che è cosí spesso illusoria, legata all'io, alle sue appropriazioni e affermazioni, ma si sente anche che un essere che prova gioia si sta abbandonando, sta cedendo. È a quel luogo tenero e delicato che si invia l'augurio: «Che la tua gioia possa durare».

Ogni incommensurabile, ogni dimora divina, riguarda piú che altro la trasformazione del proprio cuore, prepara a una rivoluzione interiore irreversibile: sento dolore quando tu soffri, sento gioia quando tu gioisci.

Zhuangzi e Hui Zi camminavano lungo la diga del fiume Hao.

Zhuangzi disse: «Guarda i pesci come guizzano! Questa è la loro felicità».

Hui Zi rispose: «Tu non sei un pesce. Come sai cosa fa felici i pesci?»

Zhuangzi soggiunse: «Tu non sei me. Come sai che non so cosa fa felici i pesci?»

Hui Zi disse: «Se, non essendo te, non posso sapere che cosa sai, di conseguenza tu, non essendo un pesce, non puoi sapere cosa li fa felici».

Zhuangzi rispose: «Un momento, ritorniamo alla tua domanda. Tu mi hai chiesto come so cosa fa felici i pesci. Perciò sapevi già che lo so. Riconosco la loro felicità nella mia, camminando lungo lo stesso fiume»[6].

[6] Tao, *I racconti della Via*, a cura di Sh. A. Sabbadini, Boroli, Milano 2004, p. 20.

Noi siamo fatti di tutti gli altri, seguiamo costantemente le orme di qualcuno, poi le abbandoniamo per seguirne altre o per perderci per un po' e ritrovare altre tracce. Ma arriva un momento in cui è importante scavare i propri solchi, fare una fatica nuova, piú rischiosa, mettendo in gioco la propria capacità di errare. Continueremo a essere fatti di tutto e di tutti ma, in quel passaggio, il confronto può diventare uno dei grandi nemici della gioia: è l'occultamento della possibilità di trovare la propria voce, il proprio passo, nella vicinanza a se stessi che fa sentire soli e maldestri.

Un antico apologo ebraico racconta perché il corvo cammini zoppicando.

Una volta un corvo vide una colomba, che camminava piú aggraziata di tutti gli altri uccelli. Il passo della colomba lo incantò e decise in cuor suo: anch'io voglio muovermi come lei. Ma in tal modo gli dolevano le ossa. Gli uccelli lo prendevano in giro, perciò il corvo, vergognoso, decise: tornerò all'andatura di prima. Ci provò, ma invano, perché aveva ormai dimenticato i suoi movimenti originari. Da allora saltella, perché non è piú capace di camminare in nessuno dei due modi.

La via d'uscita è sempre la stessa, accorgersi quando ci stiamo paragonando a qualcuno per farci del male, fermarci, dirci: «Confronto», e liberare la mente, ammirare la bellezza di un altro e riposare nel mistero della propria bellezza invisibile, senza qualcuno che ci guardi con tenerezza.

C'era una volta un millepiedi che incontrò un coniglio. Il coniglio lo guardò camminare per un po' e poi chiese al millepiedi: «Come fai a camminare con tutte quelle zampe? Non ti confondi? Come fai a sapere quale muovere per prima?» Il millepiedi si guardò le mille zampe, le studiò un po', riprese a camminare e cadde. Allora, dopo essersi rialzato, fissò negli occhi il coniglio e disse: «Mi hai fatto perdere la mia semplicità». E se ne andò via spedito.

La semplicità riconosciuta e indossata senza vanto, come una semplice pelle data in dotazione, è involontaria gioia.

Qui in paese c'è un gatto rosso che è un sarto: appartiene a non so quale sartoria celeste e sulla Terra non ha nessun padrone.

La prima volta che l'ho incontrato saliva da un folto di cespugli e, arrivato al muretto che fiancheggiava la strada su cui camminavo, mi ha sorriso, si è strofinato sulle pietre e mi ha accompagnata per un pezzetto di strada. Poi mi ha abbandonato per restare sdraiato al sole, sulle pietre calde.

La volta dopo, ho imboccato un vicolo per tornare al paese dal bosco. Alla fine del vicolo c'era una vecchia casa, e dietro al cancello un cane rabbioso, lasciato solo, che ha subito iniziato a inveirmi contro come fossi un essere stretto e verticale, silenzioso e felpato ma indisponente, o comunque antipaticissimo e forse anche ladro o invasore. Stava fermo con la testa fuori dal cancello abbaiando insulti. Non me la sono presa, ma nemmeno mi faceva un gran piacere, e stavo per andarmene via veloce quando, da un cancello di fronte, è spuntato il gatto rosso, si è sfregato contro una colonna, poi mi si è avvicinato e ha rigirato la schiena tutto intorno a una mia gamba come un serpente luminoso, lanciando di tanto in tanto un'occhiata al cane. Infine, si è avvicinato ondeggiando al cane e gli ha strofinato il muso con il muso, poi con la coda. È tornato da me e di nuovo si è trasformato in serpente luminoso. Poi di nuovo dal cane. Il cane deve essersi sentito proprio stupido: ha smesso di abbaiare, si è sdraiato di fianco al cancello e ci ha fissati entrambi. Il gatto rosso stava già chiudendo le palpebre con il languore dei santi, e io ero accovacciata vicino a lui come chi ha appena ricevuto una benedizione che lo ha sottratto alle fauci dei guardiani dell'inferno: una ladruncola con una raccomandazione che arriva da molto in alto. Dal cielo, piú o meno.

Passo ancora di lí e cerco il gatto rosso, ma non lo trovo piú. Il fatto strano è che nemmeno il cane c'è piú: non so se e perché se ne sia andato o se ho ormai l'odore innocuo di chi ha superato una prova, e quindi non si scomoda piú a precipitarsi al cancello ad abbaiare.

Durante una delle mie prime passeggiate segrete e disperate nel bosco, ho imboccato un sentiero abbandonato che sembrava più che altro una pietraia. Arrampicandosi per un po' si incontrava una recinzione fiancheggiata da una stretta traccia erbosa. L'ho seguita, e all'improvviso dalla recinzione mi sono apparse tre teste di lama che mi guardavano stupefatte. Mi fissavano così strabiliati che mi è sfuggito: «Scusate tanto, lama, ma mi sembra che qui i più strani siate voi». Uno, in particolare, aveva disegnate sul muso bianco delle foltissime sopracciglia tipo Groucho Marx. Gli davano un'aria smarrita e innocente, come un clown che si fosse totalmente perduto sia nell'anima che nel mondo. Il più socievole dei tre era marrone e si è avvicinato fissandomi profondamente negli occhi, con una sincerissima estraneità. Non mi sono mai sentita un essere tanto bizzarro come davanti a quei tre lama in un bosco di una collina piemontese.

Dopo aver visto, qualche anno fa, il magnifico film di Agnès Varda *Visages Villages*, mi sono resa conto che al posto dei visi ho sempre visto "visaggi", paesaggi del viso. Ma non ho lo sguardo buono di Varda né quello tenero di Chagall, che diceva che bisogna guardare gli esseri umani come fossero fiori. No, io ho lo sguardo di chi è in pericolo e cerca indizi. Guardo le facce e cerco piste e dizionari per capire chi c'è lí dietro, soprattutto se mi farà o meno del male. Sono aperta a ogni imprevisto: l'urlo, la carezza, l'omicidio, la svolta radicale dell'amore. E non è che sia cosí solo la prima volta che vedo un viso, lo faccio sempre, ripetutamente, anche con i volti piú conosciuti. Per esempio, non so mai a cosa sono vòlti. Se a me o a dentro di me o oltre di me, e cosa c'è dentro di loro e in quell'oltre. Osservo le onde di emozioni che percorrono le facce, le correnti che ogni parola detta o ascoltata modifica e mi sento sempre in punta di sedia, di piedi, di fuga. Ho timore. Mi aspetto di tutto.

Forse sono state le cene intorno al tavolo di famiglia, tavolo rotondo dove vedevi tutti e da tutti eri vista, dove davvero poteva succedere di tutto e la cosa migliore era tenere lo sguardo fisso sul piatto, e fremere.

Mi sembra che la vista degli alberi e degli animali mi riposi lo sguardo, gli insegni a posarsi. Certo, con gli animali bisogna essere vigili, perché potrebbero sia attaccarti che sentirsi attaccati, ma lo si decide abbastanza in fretta e dopo c'è solo da non farli sentire troppo invasi fissandoli negli occhi. Il gatto Zivago, quando lo guardavo negli occhi, si infastidiva e faceva un mugolio molto eloquente prima di girarsi dall'altra parte come dire: «Ma cosa cerchi?! Vai a leggerti un libro e lasciami il mio vuoto mistero, ficcanaso!» Un tipo difficile. Con gli alberi la contemplazione è cambio di veduta, svuotamento del nome «albero» e delle opinioni sugli alberi, lasciarsi guardare da chi non ha occhi.

Sempre piú spesso per me andare nel bosco significa lasciare che il bosco faccia qualcosa di me.

Ultimamente, entrando pensierosa, ho sentito che mi diceva: «Senti, se devi venire ogni volta con tutte queste persone in testa, resta pure a casa». Ho ubbidito immediatamente, e di quante presenze in piú mi sono accorta. E di come certe volte sia importante procedere osservando e altre fermarsi come sassi e lasciarsi osservare o trasformare. Sí, piú che altro ora vado nel bosco perché gli alberi mi trasformino. Succede ogni volta.

In un libro di John Berger ho trovato questa citazione di Simone Weil:

«Ogni volta che un uomo grida dentro di sé: "Perché mi si fa del male?" gli viene fatto del male. Avviene spesso che sbagli quando cerca di definire il male e perché e da chi gli venga inflitto. Ma il grido stesso è infallibile»[7].

[7] J. Berger, *Paesaggi*, ed. it. a cura di M. Nadotti, il Saggiatore, Milano 2019, p. 93.

Di notte, la voce chiama dal costato finché l'ani-
male non risponde. Come da molto, molto lontano.
L'animale scava e scava senza interruzione.

Io sogno: una valle profondissima, ma non verti-
ginosa, impossibile dall'alto vederne la fine, ma dal
fondo sale una bruma, è bianca, sale piano, in lente
volute. In piedi sul margine so che la bruma è grazia
e sapere, la bruma sa, sa per noi. Basta stare ferma e
lasciarmi avvolgere. Intanto sorrido.

Certe mattine ci si sveglia come se si fosse fatti di un materiale friabile, basta un soffio, un piccolo gesto maldestro per svanire del tutto. È meglio accorgersene al piú presto e, parlandosi con estrema delicatezza, accompagnarsi al silenzio. Mettere a tacere senza violenza le voci e i commenti, poi alzarsi con molta cautela come un animaletto di vetro sottilissimo e non lasciarsi mai soli, accompagnando ogni gesto e chiedendo delicatamente il silenzio. Lavarsi, vestirsi, fare colazione molto lentamente, con una grazia intenta, come fossero piccoli rituali segreti, come se tutto il mondo fosse diventato delicatissimo. Sedersi senza commento alcuno, ascoltare il respiro continuando a trascurare i pensieri che interferiscono, le voci acuminate. Fa tutto male, ma si può imparare ad avere a che fare con i grandi ustionati. Lentamente, lentamente, il male si sposta nel cuore e a poco a poco lo riempie di un'acqua tiepida e salata; allora qualche frammento si scioglie, allora tenendosi fortemente per mano non si sprofonda, si ascolta lo sgretolarsi lentissimo del male come la sabbia in una grande clessidra. Si cammina e fa male, ci si siede e fa male, si beve e fa male, si legge e fa male, si apre la finestra e fa male, ma il male non è abituato al bene, e lasciandolo essere e togliendo la parola ai pensieri che lo commentano trova la porta del cuore e si riposa. Scendono gocce di male oppure no: quello che conta è che abbia trovato asilo.

Piú tardi, il pensiero saprà nominare quello che era impensabile.

Non è la consapevolezza, né tantomeno la semplice attenzione che fanno risveglio, ma è la saggezza che, allenando attenzione e consapevolezza, sgorga da sé, dal cuore, quando diventa soffice e compassionevole, quando è lavorato come un pane o un pezzo di terra. Un lavoro costante.

Una saggezza non concettuale ma nemmeno istintuale, una pacata resa a quel che c'è e una risoluta risposta, dopo la resa, nella direzione del giusto e della testimonianza del vero. Cosa risponde in me? Non il mio condizionamento e non il mio impulso. Cosa si ferma, tace, si posa, si vuota e poi, con grazia millenaria, decisamente, senza sbavature, risponde? Chi?

Entrare in un bosco, come entrare nella stanza di un bambino che dorme, o in un tempio, allena a una premura nel passo, nei gesti, nei pensieri, che è consapevolezza rivestita di grazia, attenzione che include l'altro, fascio di luce diffusa, non raggio concentrato.

«L'allievo d'un grande fabbro di spade pretendeva d'aver superato il maestro. Per provare quanto le sue lame erano affilate, immerse una spada in un ruscello. Le foglie morte portate dalla corrente passando sul filo

della spada venivano tagliate in due di netto. Il mae-
stro immerse nel ruscello una spada forgiata da lui. Le
foglie correvano via evitando la lama»[8].

[8] I. Calvino, *Collezione di sabbia*, Mondadori, Milano 2017, p. 190.

Vorrei scrivere qualcosa come la tazza di tè che i tibetani preparano sul tavolo quando parti. Perché stai già tornando. Perché qualcuno ti aspetta. Vorrei scrivere come una tazza che aspetta. Vorrei una scrittura aspettata. Una tazza accogliente.

Vorrei ospitare e dare da bere.

I bambini aspettano molto. Aspettano sempre. E si fidano che arriverai. Che tornerai.

Se sopravvivi all'infanzia quando è una tempesta, diventi molto friabile.

Arrivi a scuola e piú avanti al lavoro già stanchissima, perché hai fatto tutta la strada cercando di essere invisibile.

Si fa molta fatica a essere invisibili, soprattutto in città, dove ci sono certi sguardi che ti bucano e ti trivellano.

L'infanzia, anche quando è spaventosa, è un luogo indimenticabile. Per le correnti. Ci sono delle correnti che ti trasportano in posti senza senso, solo festa. Festa del sangue nelle braccia, nelle gambe in corsa, festa nel respiro mozzato, festa di nascondino: «Liberi tutti!»

Giocare è diventare forti, è cimentarsi con la morte e con l'invisibilità, è mancare e poi apparire.

Se si sopravvive all'infanzia-tempesta non ci si deve mai dimenticare di non smettere di giocare. Giocare con follia, sempre. Ballare nel bosco. Ballare in cucina. Cantare per i fiori. Parlare alle zanzare. Parlarsi per convincersi di continuare a vivere. Non a sopravvivere, a vivere proprio. Clandestinamente vivi, fuoco fino alle ossa, di nascosto.

È l'estraneità la malattia di chi non si fa adulto: è che vede le maschere, non ce la fa a credere ai recitanti, vede le quinte. Quanti attori convinti di essere viventi. Quante arie. Per cosí poco. Un ruolo che la morte ti strapperà.

Chi torna dall'infanzia ha la morte come compagna.

Chi è stato nella tempesta soffre di attacchi di gioia. All'improvviso, senza motivo, senza condizione di significato, arriva. Una gioia da poveracci, leggerissima, brezza dentro. Assomiglia ad aver perso tutto? Assomiglia ad aver perso tutto e poi è domani.

Qui alla frontiera cadono le foglie,
e benché i vicini siano tutti barbari e tu,
tu sia a mille miglia di distanza,
sul tavolo ci sono sempre due tazze.

(Anonimo della dinastia Tang).

Ho capito di essere una persona abbandonabile. Non nel senso che non posso evitare l'abbandono, che mi è ovvio fin da bambina. Ma che lo considero una possibilità imminente e talvolta auspicabile. Un tempo pensavo di essere una che abbandona facilmente. Ora so che, anche se con dolore, sono abbandonabile. Voglio dire che quando sento che non ci sono le condizioni per incontrarsi davvero, per intendersi senza troppa fatica, «abbandonami» è un invito liberante. Non è obbligatorio tenermi, frequentarmi è facoltativo. E questo dà molta leggerezza e grazia all'incontro. Come fanno le libellule e forse i volatili in genere. Può far molto male all'inizio, può atterrare ma poi piano piano si sente che sopra la testa e tutt'intorno si allarga un grande spazio libero. C'è più sfondo e un sentore appena accennato di nuove possibilità. L'odore è l'esatto opposto dell'odore di bruciato. Un profumo fresco di bucato appena steso, di pavimento appena spazzato e poi lavato. Con cura. Con le finestre aperte.

Lo chiamano «perdono». Ma cosí la giustizia resta indifesa. Il dono, se è per qualcuno, non è piú dono. Nella visione orientale, donare è vero donare solo se non c'è piú né chi dona né chi riceve e nemmeno il dono stesso, solo il puro gesto. Allora la giustizia è trascesa.

Ma sulla terra, nell'immanenza, c'è un gesto magnifico e in via di sparizione: il riparare. Posso ripararmi dal pericolo e dalla pioggia e posso riparare le scarpe come fa il ciabattino, o l'orologio come fa l'orologiaio e cioè posso non buttare via né il danno né quello che è danneggiato. Sono parole che hanno a che fare con il lavoro anziché con il dono. Non hanno trascendenza ma rappezzatura. Stanno qui. Guardano con attenzione il danno, lo studiano, progettano passo passo la riparazione.

È un'andatura che ha a che fare con il passo della compassione, perché si può aver compassione del cosiddetto "nemico", di chi ci ha ferito e danneggiato anche per sempre. Chi è ferito è danneggiato ma chi ferisce è condannato a vivere di fronte a se stesso ogni minuto della sua vita, e sa. Anche se a tutti gli altri è ignoto, sa.

Ripararsi da altro male, non permetterlo piú, fermare la mano anche quando è ben travestita.

Chi sa rammendare, rattoppare, è addestrato a lottare al buio e al buio inizia a lavorare con i fili, a separare, unire, cucire e disfare. Non ha niente a che fare con la superiorità di chi perdona.

Una volta, è stato chiesto a un grande Lama tibetano, sopravvissuto ad anni di torture nelle prigioni cinesi, quale fosse stato il suo momento peggiore. E lui rispose: «Quando sotto tortura odiavo i cinesi, quello era il momento piú brutto, quando cedevo all'odio per il nemico».

E il Dalai Lama, quando gli chiesero se detestasse i cinesi, rispose: «Si sono già presi la mia terra, non permetterò che si prendano anche la mia mente».

Inviare frasi di compassione al nemico significa slegarlo da noi. Personalmente, sento il bisogno di inviare: «Che tu possa sapere quello che hai fatto, che tu possa esserne consapevole, che tu possa essere libero dalla sofferenza». Perché credo nel potere guaritivo della consapevolezza, una guarigione ad alto costo, l'unica che non sappia di oblio.

Ha detto Liliana Segre ai giovani a proposito del nazismo: «Io non perdono e non dimentico, ma non odio».

Riparare e ripararsi significa staccare il filo che ci lega al danneggiatore, affidarlo al suo *karma*, alle conseguenze delle sue azioni, non assomigliargli, non cadere negli stessi sentimenti di distruzione e occuparsi del baratro, il vuoto lasciato dal danno e assaporarne la sconfinatezza, e la libertà di essere diversi. Sentire il male significa che il male è già altro da noi. Non condonare, non perdonare, ma lavorare alla possibilità di nascere di nuovo, di portare con dignità il passato e di rivolgersi al futuro con fiducia nelle proprie strumentazioni. Le strumentazioni di un radar, di una nave che si inoltra nel buio ma sente, avverte ogni pericolo e possibilità di ripeterlo.

Compassione è comprendere che il male va fermato definitivamente. Per noi, per tutti. Inviare compassione al nemico è comprendere il gioco delle parti e augurargli di cambiare posizione grazie alla consapevolezza del male inflitto.

Si narra che una volta, al tempo del Buddha, in una folla spuntò correndo un elefante infuriato. Tutti si fecero da parte e invitarono il Buddha a fare lo stesso. Ma il Buddha rimase immobile sulla traiettoria dell'elefante. La mano destra alzata col palmo verso l'elefante e la sinistra verso terra col palmo rivolto all'esterno. Si dice anche che pronunciasse le parole: «Ti ho visto, non avere paura». L'elefante, raggiunto il Buddha, si accucciò ai suoi piedi e con la proboscide li ripulí dalla polvere.

Quella postura o *mudrā* del Buddha si chiama *abhaya*. «Abhaya Buddha», il Buddha della non-paura. La mano destra tiene la distanza, addomestica la paura, la sinistra accoglie l'esperienza, percepisce il pericolo. In altre iconografie, entrambe le mani sono alzate a segnare il confine, l'allontanamento, il distacco.

Quando sento di aver paura di qualcuno o di qualcosa, quando devo prepararmi ad affrontare una situazione che potrebbe danneggiarmi, assumo la postura della non-paura, resto per qualche minuto in quella sensazione di difesa e di percezione dell'attacco e assorbo il senso della non-paura. Ti ho visto, ti segno un confine: oltre qui non si passa.

I gesti sono piú avanti di noi, entrare in un *mudrā*, e abitarlo per un po', scrive un pezzetto del nostro futuro.

L'asino era bianco, la donna era solo molto piccola. Nessun colore in particolare. Certe volte il raglio dell'asino precedeva la donna molto piccola come per guidarla fino a lui. Certe volte era lei che lo chiamava timidamente, ma a voce alta. Allora il raglio la seguiva e l'asino accorreva. La donna molto piccola non si spaventava affatto, c'era radice nell'asino bianco e appena arrivati tutti e due nello stesso punto dello spazio, detto pascolo nel bosco, si mettevano fronte contro fronte. La donna molto piccola gli abbracciava il collo e l'asino bianco le metteva la testa sulla spalla.

«Si chiama amore», pensava la donna molto piccola.

L'asino non pensava mentre erano insieme, ma quando erano lontani, pensava a lei.

Succedeva anche che non si vedessero per settimane. L'asino doveva cambiare pascoli per rasare l'erba con la sua fame e la donna molto piccola lo cercava e talvolta lo trovava, ma essendo molto piccola non poteva fare chissà quanti chilometri alla sua ricerca.

Prima o poi si ritrovavano, però.

La donna pensava: «Mi sta insegnando la fiducia». «Chi?», chiedeva l'asino. La donna non rispondeva. L'asino era contento di vederla. Il tempo non lo riguardava. Eppure, certe volte, sentiva una privazione, come se avessero tagliato via un pezzo di paesaggio. E forse anche cancellato qualche battito del cuore. Qualche metro di voglia di correre incontro.

«L'upupa: Quando ti senti vuoto
apri il tuo cuore
e lascia che il vento lo spazzi»[9].

Sí, upupa, hai ragione, sono qui lontana da dove
stavo e da quello che avevo, dai lavori che amavo:
non voglio tornare, c'era uno sfondo che bruciava, non
voglio restare, volere è inadatto al verbo restare; mi
abbandono, saprà la corrente cosa fare di me. Mi at-
trezzo con la fiducia. Fiducia in niente e in nessu-
no, fiducia pura, senza condizioni. E quando sento
il vuoto nel cuore, non lo riempio. Solo, mi siedo e
lascio che il respiro lo spazzi: sembra il vento in un
tempio scoperchiato. I vuoti e i pieni si equivalgono,
sono sensazioni che scorrono. Bellissimo sentire quel-
lo che di solito scartiamo, porta a un punto dove tut-
to è passeggero, documento di un passaggio, la carta
sbiadisce, non c'è piú scritto né dolore né gioia, solo
la testimonianza di un transito e di un avventurarsi.
Un'avventura che diventa cosí grande, cosí sconfinata,
che alla fine bisognerà lasciare qui il corpo per prose-
guire. I pensieri vanno e vengono come i rumori del

[9] P. Sis, *La conferenza degli uccelli*, trad. it. di L. Signorini, Adelphi,
Milano 2013, pagine non numerate.

mondo. Ascolto tutto e la vita, mordicchiandomi, fa di me quello che vuole. Cambio forma. Ci vuole tempo, ed erosioni minime e costanti.

L'ultimo degli stati senza confini, o dimore divine, dove posare il cuore è l'equanimità, in pali *upekkhā*, che significa «equilibrio». In realtà, questo stato o atteggiamento dovrebbe permeare tutti gli altri incommensurabili e in generale tutto il nostro orientamento nei confronti del percorso interiore. *Upekkhā* è la non-scelta, la capacità di stare in equilibrio, come funamboli o come i piatti di una bilancia, non esaltarsi per il piacevole, non abbattersi per lo spiacevole. Stare in mezzo. L'arte di non scartare. Nasce dalla profonda conoscenza del costante cambiamento, del flusso dell'impermanenza. È la piena accoglienza di quello che arriva senza discussioni. Anche la gentilezza amorevole, la compassione, la gioia empatica possono cadere in un opposto o in un altro, tra esaltazione sentimentale e indifferenza: *upekkhā* corregge la postura, insegna l'illimitatezza della conoscenza dei limiti. Non è un gioco di parole, saper stare con i propri limiti fa affacciare su una sconfinatezza che non ci appartiene ed è a questa sconfinatezza impersonale che ci arrendiamo e consegniamo gli altri, chi ci fa bene, chi ci è indifferente, chi ci fa male.

Upekkhā bilancia il nostro bisogno di bene con il nostro bisogno di giustizia e di equilibrio. Consegna ognuno alla sua responsabilità, alle conseguenze delle sue azioni. Il *karma* non è una minaccia né un semplice contrappasso. Si prende rifugio nel *karma*. *Karma* significa semplicemente «azione». È una legge universale di risonanza. Fare il bene crea una certa sonorità che si riflette nel mondo e nelle vicende, cosí come fare il male. Ma per conoscere cosa fa bene e cosa fa male occorre purificare la mente. Questo indicò il Buddha come sintesi del suo insegnamento: smettere di fare il male, fare il bene, purificare la mente. Cosí, il *karma* è come ci poniamo davanti agli eventi, non gli eventi stessi. Puoi avere una vita durissima e rispondere con delicatezza fiduciosa. Puoi avere una vita piú agevole e chiuderti nella scontatezza. Il modo in cui rispondiamo crea frequenze e risposte dalla vita stessa. Ma non è aritmetica, è danza.

In uno dei canti che si intonano al monastero sui Cinque soggetti di frequente riflessione si dice:

«Sono padrone del mio *kamma*, erede del mio *kamma*, nato dal mio *kamma*, legato al mio *kamma*, sostenuto dal mio *kamma*. Qualunque *kamma* io compia, buono o cattivo, di esso diverrò l'erede».

Qualunque azione io compia ne sarò responsabile, ogni azione ha delle conseguenze. Questo dà la libertà di scelta: ogni volta che agisco mi soffermo sulla mia intenzione e sulle sue possibili conseguenze. Posso scegliere.

E alleggerisce il senso di responsabilità verso le azioni degli altri perché:

«Tutti sono padroni del loro *kamma*, eredi del loro *kamma*, nati dal loro *kamma*, legati al loro *kamma*, sostenuti dal loro *kamma*. Qualunque *kamma* compiano, buono o cattivo, di esso diverranno eredi».

Le frasi che dissodano il cuore e lo rivolgono all'e-
quanimità di solito sono: «Le cose sono cosí come
sono». E già questo chiama una pausa, una sosta per
riflettere. Sembra evidente, ma spesso non partiamo
da dove siamo, non ci diciamo cosa sta davvero suc-
cedendo, vogliamo immediatamente che cambi, vo-
gliamo cancellare, rimuovere, fingere che sia diverso
e invece le cose sono cosí come sono. Mi fermo e assa-
poro il come delle cose, piacevole o spiacevole che sia.

E poi si prosegue: «La gioia e il dolore si avvicen-
dano nella tua vita come conseguenza delle tue azio-
ni, non dei tuoi desideri». Di solito, si inizia inviando
equanimità a una persona neutra, perché è piú facile.
Si passa poi alle categorie tradizionali: chi ci ha fat-
to del bene, noi stessi, l'amica o l'amico, il nemico,
tutti gli esseri.

Dire a se stessi: «Le cose sono cosí come sono. La
gioia e il dolore si avvicendano nella mia vita come
conseguenza delle mie azioni, non dei miei deside-
ri», procura, con l'allenamento, un senso di apertura,
di accoglienza, di limite ai propri desideri ma anche di
spinta ad agire per comprendere cosa sia salutare e
cosa no, cosa crei conseguenze benefiche e cosa no

e a riposare nella fiducia della legge universale e naturale del *karma*.

Inviare le frasi agli altri, spegne il troppo affaccendarsi egocentrico per cambiargli la vita, li consegna a una legge piú grande e alla loro responsabilità e, nel caso di chi ci ha fatto male, spegne il desiderio di vendetta, nella serena fiducia che una legge di risonanza c'è e non dà origine a un contrappasso malevolo ma alla possibilità che il male venga compreso e abbandonato.

In generale, quindi, tutte le incommensurabili dimore divine lavorano sul nostro cuore, per disciplinare il nostro bene e il nostro male, per conoscere le ristrettezze e i nodi del cuore come pure la sua vastità e capienza. Liberano il cuore dal carattere e dalle risposte condizionate.

C'è una storia del Buddha che mi commuove, per la sua vicinanza con gli animali, per le innumerevoli diverse sofferenze degli esseri che ha conosciuto, e per come le ha accolte tutte con risonanza:

«C'era un pachiderma che aveva vissuto infastidito da altri elefanti, da elefantesse, da elefanti giovani ed elefanti cuccioli, aveva dovuto mangiare erba pestata e rametti spezzati, aveva dovuto bere acqua sporca e il suo corpo era stato spintonato dalle elefantesse quando usciva dal luogo in cui aveva fatto il bagno. Considerando tutte queste cose, pensò: "Perché non dovrei dimorare in solitudine, appartato dalla folla?" E cosí aveva abbandonato il branco ed era andato a Pārileyyaka, nella giungla Rakkhita, ai piedi del fausto albero sāla dove si trovava il Beato. Si prese cura del Beato, procurandogli cibo e acqua, e con la sua proboscide spazzava via le foglie. Pensò: "Prima vivevo infastidito da altri elefanti... Ora, solo e ritirato dal branco, vivo a mio agio e comodamente, lontano da tutti quegli elefanti".

Il Beato, assaporando la sua solitudine, fu consapevole nella sua mente del pensiero sorto nella mente di quell'elefante. Esclamò queste parole:
"Qui un pachiderma va d'accordo con un altro
     pachiderma,

l'elefante con zanne lunghe
come colonne si delizia a star solo nella foresta:
cosí i loro cuori sono in armonia"»[10].

[10] Bh. Ñāṇamoli, *La vita del Buddha secondo il canone in Pāli*, trad. it. di R. Paciocco, Associazione Santacittarama, Rieti 2017, p. 129.

Il mio pachiderma è un faggio. Gigante. Le radici sono quasi tutte all'esterno e tra di loro ci sono intimi spazi in cui ci si può accucciare. I rami scendono fino a chiuderti in una grande giostra verde. Le foglie roteano e frusciano. Quando è inverno i rami neri e nudi lasciano affacciare il fuori, ma custodiscono il tuo spavento del mondo. Porto in dono silenzio al suo silenzio, petto contro tronco sentiamo insieme la vita farsi compagnia.

E cosí ho deciso: non tornerò piú in città. Resto con la natura, non solo dalla sua parte ma proprio insieme a lei. Qui c'è il bosco e ogni giorno lo frequento, come si dice «frequenta la chiesa, o la sinagoga». Sono passati nove mesi, è autunno inoltrato. Ora non solo parlo con gli alberi, ma gli alberi mi rispondono. Vado nel bosco a imparare a camminare sola, senza pensieri, a guarire le ferite, ma certe volte porto dentro di me anche altri, per farli guarire insieme a me. Il bosco guarisce senza che si debba fare niente, ti include, ed essere un pezzetto di qualcosa di piú grande fa entrare in una misura che distribuisce farmaci senza nome: e si diventa anche noi senza nome, si perde la buccia, e la leggerezza del cuore è il primo segno di guarigione. Dedico a chi è in emergenza tutto il bello del mondo. Quest'altro mondo, dove il movimento fondamentale è la ripetizione, dove il cuore pulsa e batte un po' ovunque, ed è evidente che è intelligente, che è mappa al seguito di un movimento cosmico, che la sua misura ha rintocchi immisurabili eppure vive nel minimo. E tutti si occupano del loro compito piccolo e assiduo con obbedienza al piacere del solo essere, con il piacere dell'incastro con altri piccoli e assidui compiti fino a fare un universo.

È la coltivazione della solitudine, sceglierla, che mi

sta insegnando a sentire gli altri, i piú lontani e i piú vicini, a sentire come stanno, a sfiorarli con il pensiero senza prenderli mai.

Tanti episodi violenti accadono nel bosco, diluvi e temporali che abbattono alberi vecchissimi, taglialegna che li sterminano, trattori che sfondano la terra e creano pozze che si riempiranno d'acqua e fango, cacciatori che sparano, animali che spariscono, acquattati nella paura, feriti, morti. Ma il bosco sta, colpito, ammutolito per le ferite, i traumi, le razzie, ma sta. Dove altro potrebbe andare? Ma sta con vivezza, sta con presenza, non si distrae mai, non ha testa in cui nascondersi e staccarsi da terra, ha radici, ha linfa che pulsa, ha nascita e morte che si intrecciano, ha fantasia illimitata e geometrie precisissime e fame e sete. Gli alberi prendono le forme del vento ma anche della fame di luce, della sete d'aria e di spazio. Gli animali azzannano la vita, mordono il mondo.

Resto qui, qui è piú chiara la violenza di esistere, qui si sa scappare, rincorrersi, assaltare, fidarsi, crollare, balzare. Resto qui, c'è una grammatica piú semplice per gli ingenui.

Ogni volta che vado verso il bosco so sempre di andare verso qualcuno.

Dice Palomar in una delle sue meditazioni:

«Non possiamo conoscere nulla d'esterno a noi scavalcando noi stessi [...] l'universo è lo specchio in cui possiamo contemplare solo ciò che abbiamo imparato a conoscere in noi»[11].

[11] I. Calvino, *Palomar*, Einaudi, Torino 1983, p. 147.

«E per tornare al *che cosa*, dunque, mi aiutava, e mi ha aiutato un po' in tutta la vita, devo rifarmi a questa sensazione interiore, poco dicibile, della vita *come chiamata*, per tutti, scelta non nostra, come *particolare* e obbedienza *a un disegno*, che necessita di *quel* particolare. Il particolare può essere minimo, quasi invisibile; invisibile, anzi, nella sua insignificanza. Ma il disegno è eccelso. Il particolare – la pietrina del mosaico – "lo sente", qualche volta; e allora si calma, accetta il suo posto»[12].

La contemplazione della natura, osservata nel piccolo, con minuzia serena, senza afferrare, lasciandosi scoprire da quello che c'è, fa apparire il vertiginoso disegno del microcosmo. Non è diverso dal guardare il cielo di notte. Stesso sperdimento. E quando sentiamo di fare parte, di essere «pietrina del mosaico», ci calmiamo, senza piú ambire: stiamo bene al nostro posto.

Karen Blixen ha narrato una storia che le raccontavano da piccola. Un uomo che viveva vicino a uno stagno, una notte fu svegliato da un forte rumore. Uscí allora nell'oscurità e si diresse verso lo stagno, e

[12] A. M. Ortese, *Corpo celeste*, Adelphi, Milano 1997, p. 109.

correndo a destra e a manca, seguendo solo il rumore, cadde incespicando piú volte. Finché trovò una falla da cui fuoriuscivano sia l'acqua che i pesci: cercò con tutte le sue forze di tapparla e solo a lavoro compiuto se ne tornò a letto. La mattina dopo, affacciandosi alla finestra vide con sorpresa che le impronte dei suoi piedi avevano disegnato sul terreno la figura di una cicogna. «Quando il disegno della mia vita sarà completo, vedrò o altri vedranno una cicogna?»[13] si chiede Karen Blixen.

[13] Cit. in A. Cavarero, *Tu che mi guardi, tu che mi racconti*, in P. C. Bori, *Lampada a se stessi. Letture tra università e carcere*, a cura di L. Ginzburg, Marietti, Genova 2008, p. 152.

Sono stata spugna. Per molti anni, quasi tutta la giovinezza, appena incontravo qualcuno, ero spugna. L'avevo imparato nell'infanzia. Stai lí e assorbi tutto. Non so come, ma quando si incontra una spugna, gli altri si sentono invitati a parlare moltissimo. Quando poi se ne andavano, ero stanchissima e opaca, completamente senza riflesso. Certe volte andavo a dormire raggomitolata sotto il piumino e quando provavano a svegliarmi mi lamentavo e mi ci avvolgevo ancora piú stretta, come in un bozzolo. Quando una volta finalmente mi chiesero: «Ma cos'hai? Sei malata?» Risposi solo: «Ho visto gente». E allora compresi che era ora di finirla.

Per un po' mi chiusi a riccio: non volevo piú vedere nessuno.

Poi, dopo anni di India, di tecniche di meditazione e di approdo a comprendere che stare con il respiro non è una tecnica ma una storia d'amore, mi sono tramutata, piano piano, con lenta costruzione, in fontana. Posso ancora ascoltare, ma solo finché c'è acqua che scorre e la fontana non trabocca. Ma soprattutto, la fontana è lí a disposizione, chi vuole ci va a bere e lei non assorbe niente, scorre. Il cuore non è spugna, è fontana.

Non esiste nella tradizione buddhista qualcosa come la preghiera. Esistono i Rifugi: chiedere al *Buddha*, al *Dharma*, al *Sangha*, di darci rifugio, di farci tana. Esiste il canto di *mettā*, chiamare il bene e distribuirlo, condividerlo benedicendo.

Ma il mio amico don Angelo, in una sua omelia, cita le parole del profeta Isaia (51,9) che dicono:

«Svégliati, svégliati, rivèstiti di forza, o braccio del Signore. Svégliati come nei giorni antichi, come tra le generazioni passate».

E se pregare è svegliare e il bisogno di svegliare nasce dalla percezione della nostra limitatezza, allora tutto il percorso della pratica di meditazione, che è rivolta sempre al Risveglio, è preghiera. Allora, proprio non è una tecnica né una forma di erudizione, né un ennesimo tentativo di onnipotenza, né la ricerca di un incondizionato benessere distaccato da tutto, allora è pregare, svegliare la vita perché ci dia una mano, perché abbia compassione, perché ci sia dialogo. Perché la vita è viva.

Si racconta che quando il Buddha si risvegliò, gli alberi lasciarono piovere i loro fiori su di lui. E il Maestro indiano Rajneesh commentò che non si tratta di una metafora: la natura gli stava dicendo: «Non sei solo».

È arrivata la neve. Il bosco è un intrico di rami pie-
gati, bisogna farsi molto piccoli per passare. Ci sono
anche i caduti. E i dormienti. La neve è tanta, apre
la prospettiva, fa di piombo il passo. Il letargo è una
condizione diffusa, solo noi umani stentiamo a rico-
noscerlo. Sotto la neve il tempo s'incanta.

Un grande airone cinerino si alza in volo da uno
stretto ruscello.

Rallentare i gesti, i movimenti, non ha un valore di per sé ma porta la quiete che permette di conoscere i propri pensieri; e, conoscendoli fin dentro i loro crepacci, si possono poi riconoscere le nostre piú sottili intenzioni e intonare cosí le azioni alle intenzioni non malvagie e nemmeno maligne e nemmeno di rivincita.

Le intenzioni sono nascoste e spesso non vengono capite dagli altri, ma se il cuore è saldo non importa cosí tanto che lo siano.

Mancano sempre le parole per spiegare le intenzioni. Come quando in prima elementare la maestra disse: «Disegnate una bella casetta, la casetta dei vostri sogni». Eravamo in ventisette. Io pensai: «Povera maestra, alla fine avrà ventisette casette. Dài, le faccio un gattino». Quando consegnai il foglio, la maestra mi guardò attonita: «Ma... ma... tu capisci quando parlo?» Non seppi spiegarle che era un dono: scelsi di sembrare deficiente. La mia intenzione non mi faceva tremare il cuore, solo avevo vergogna per le parole che non uscivano e vergogna per lei, che non aveva altri occhi che quelli dietro gli occhiali, che vedono soltanto i risultati.

Viktor Šklovskij cita le parole di una lettera del 1878 a Nikolaj N. Strachov in cui Tolstoj spiegava il suo senso di impreparazione al lavoro:

«Conosco molto bene questa sensazione – addirittura, ora, negli ultimi tempi, la sto provando: tutto parrebbe pronto per scrivere – per compiere il proprio dovere terreno, ma manca la spinta della fede in se stessi, nell'importanza della causa, manca l'energia dell'errore; quella spontanea energia terrena, che è impossibile inventare. E non si può cominciare»[14].

Senza energia dell'errore non si procede, si resta spiaggiati. È ritrovando la possibilità di errare che si riparte, ma non si può fabbricarla, occorre lasciarla arrivare, occorre togliere gli ostacoli: il confronto, il giudizio su di sé, il voler compiacere gli altri, l'ambizione mondana. Partire soli, andare errando, scoprire nuove energie grazie all'errore. Non lasciarsi mettere in ceppi da nessuna illusione della personalità.

Non vale solo per la scrittura, ma per qualsiasi percorso senza orme da ricalcare, per qualsiasi camminare

[14] V. Šklovskij, *L'energia dell'errore*, Editori Riuniti, Roma 1984, p. 37.

che sia senza cammino prestabilito, perché ogni passo è la meta, esitando, sostando. Una via che si disfa mentre la si percorre per lasciare a ognuno la libertà e il rischio di fare di sé una strada.

I Maestri sono segnali sulla Via, presagi, visitatori angelici, guide. Ma siamo noi a camminare, a fare la Via.

Chi segue l'energia dell'errore fa della sua vita un libro di testo, la studia, la conosce, la scava, la scavalca, parte sempre da sé e a sé ritorna per mettere alla prova quel che ha sperimentato. Allora come una nuvola si scioglie nell'aria, dove la storia non è piú propria ma solo il punto di vista minuscolo sul grande cielo sconfinato di tutti gli esseri.

Fa paura, ci si sente soli ed estranei, le lusinghe del mondo non attraggono piú e annoiano, sembrano vecchi giocattoli rotti, ci si sente inutili e molto sciocchi. Il re è nudo. Non si può tornare a vestirlo. Il guscio è vuoto. Non si può abitarlo di nuovo. Cosa resta? Il richiamo dell'errare, ogni respiro contiene un invito: vieni e vedi.

«Ho paura».
«Anch'io».
«Andiamo».

«Conoscete la storia dell'uccello
che si era perduto? E che
nessuno cercava?
Si trasformò in pietra... e pianse...
Pianse sassolini»[15].

Il punto di vista di qualcuno in disparte. Guarda il
mondo e si spaventa. Di se stesso. Delle proprie illu-
sioni perdute. Di come tutto si allontani. E nessuno
ti viene a cercare.

Per il Buddha le illusioni, o *dhamma* mondani, esi-
stono in coppia: piacere/dispiacere, guadagno/perdita,
successo/insuccesso, lode/biasimo. Sono richiami, sire-
ne che ci invitano ad asfaltarci nel mondo, cosí stret-
tamente confusi da non accorgercene nemmeno. Se ci
osserviamo in profondità, stiamo sempre inseguendone
uno o scappando da un altro. Esistono ovunque, anche
sulla Via della liberazione. Volerli evitare o rincorrerli
si equivale. Vanno visti, ascoltati. E lasciati soli. Le
dimore divine, immisurabili, ci aspettano.

Piangere sassolini e poi seguirli fa ritrovare la stra-
da aerea, morbida, la Via fluida. Forse.

[15] Sis, *La conferenza degli uccelli* cit.

«Il cuore pensa continuamente. È una realtà che non si può cambiare. Ma i moti del cuore, cioè i pensieri, devono limitarsi alla situazione immediata. Ogni pensiero che vada oltre non fa che ferire il cuore»[16].

Meditando, cioè vuotando la mente dalle scorie di pensieri da cui siamo pensati, ci accorgiamo della delicatissima dimensione del cuore. È un luogo tenero, vulnerabile, eppure contiene annotazioni a margine della nostra vita, da sempre. Certe nuvole, certi paesaggi, certi volti, tutte le ferite e i sorrisi, le carezze, le botte, i soprusi, gli incontri, i traumi. Il cuore ha una sua memoria, vacillante, insicura, perché integrale: non trattiene solo le parole, i gesti, ma anche l'angolazione della luce, i colori, i rumori di fondo. Il cuore resta graffiato e tatuato, il cuore si stringe e si dilata, si fa secco e si fa umido, fertile e arido. È molto silenzioso, assorbe l'intera esperienza del momento, come i neonati e come gli animali. Non è detto poi che sappia metterla in parole o pensarla.

Che i pensieri del cuore debbano limitarsi alla situazione immediata non significa che in lui non esista

[16] *I Ching. Il libro dei Mutamenti*, trad. it. di A. G. Ferrara e B. Veneziani, Adelphi, Milano 1991, p. 236.

il passato o il futuro, ma che li vive, per non ammalar-
si e rompersi, come sono nel momento in cui si pre-
sentano e non come sono stati o come pensiamo che
saranno. I movimenti del cuore, il suo fremere, sus-
sultare, tremare, accalorarsi, annebbiarsi, esplodere,
congelarsi, sono il suo modo di pensare e ha bisogno
di interpreti e traduttori.

Meditando, il cuore si fa molto vivo ed è impor-
tante che accanto a lui cresca un bravo decifratore e
traduttore, per ascoltarlo e poi decidere cosa mettere
in parole, cosa possa diventare pensiero e cosa porta-
re a un'azione.

Il cuore ha bisogno di un tempo ritmico, di proce-
dere a fasi. Assomiglia ai cerchi degli anni che segna-
no un albero. Non sono tutti uguali. Dentro ai cer-
chi segnati all'interno del tronco di un albero, non si
legge solo l'età: si può vedere anche come l'albero ha
vissuto, in quali climi, quali traversie ha attraversato.
Sono segnali di grande difficoltà e sofferenza che non
permettono all'albero di portare a termine il suo ciclo.

Il cuore è un po' come un albero, si segna in silenzio.

Entrare nel cuore e ascoltare le sue indicazioni an-
ziché pensare attorno e astrarsi dalle sue informazio-
ni non verbali fa entrare in un altro spazio, dove sap-
piamo in modo diretto e nudo cosa sta succedendo.

Se, quando sento male, anziché raccontarmi la sto-
ria di quel male, chiudo gli occhi e interrogo i segni del
cuore incisi nel corpo, entro in un'altra narrazione, in
una storia, solo apparentemente metaforica, mentre si
tratta di parole del corpo, delle sue visioni, delle sue
percezioni. Un ago aggira il cuore e lo buca, una lama
lo taglia, un fuoco lo brucia, un'onda lo rinfresca, una
manciata di terra lo protegge. È la lingua vegetale, e
solo in quella lingua, in quel paese straniero, possia-
mo guarire le ferite e solo lí possiamo creare nuove

immagini, nuove percezioni per addolcire il male. Il testimone consapevole diventa cosí un interprete, un traduttore, un personalissimo guaritore.

La situazione immediata in cui sostare, l'unica che non fa male al cuore, può aver avuto origine nel passato, ma è nel presente che la incontriamo: i suoi cerchi sono davanti a noi ora e all'immediatezza del suo male ci rivolgiamo respirando e sentendo quel che nel tempo ci siamo rifiutati di sentire, preferendo il linguaggio della ragione e del controllo, dell'ordine. Il cuore ci disordina, ma per portarci a un tempo ciclico, ai segni non lineari della storia vissuta che di continuo ci segna e che nessuno si ferma a leggere, perché spaventa, come le incomprensibili grida di un animale, o di un neonato. Imparare la lingua del cuore rende saldi e unici, attraversando una grande trasparenza e una nudità che tanto ci spaventa, mentre è la nostra vera natura.

Una storia indiana racconta di un novizio che, desiderando praticare sotto la guida di un Maestro, lo andò a cercare. Il Maestro gli chiese di cominciare il suo addestramento spaccando un grande masso con un martello. Il discepolo batteva i suoi colpi, un giorno dopo l'altro, per mesi, per anni, senza nemmeno scalfire la grande pietra. Ma ecco che di colpo, a un ennesimo colpo, il masso si spaccò, aprendosi completamente. Il Maestro chiese al discepolo: «Quale dei tuoi colpi è quello che l'ha spaccato?» La mente del discepolo si aprí.

Praticare la meditazione è semplice: sedersi in silenzio, camminare, sdraiarsi, stare in piedi, dedicarsi ai gesti quotidiani con la mente raccolta, tutt'uno con quello che il corpo sta facendo o con il suo riposo, con il respiro, con il passo, con i colpi di martello per spaccare la pietra. I nostri gesti, le nostre posture sono tutte forme per imparare ad abbandonarsi, non a una deriva, ma a una consapevole fiducia nelle vie sottili, nel non afferrare, nel non respingere. E la mente-cuore si apre.

Quando pratico i *Brahma-vihāra*, le dimore divine, sento quale è piú adatta al momento, sia mio che dell'altro a cui dedico l'invio, se sia il momento di inviare il bene amorevole o la compassione, la gioia partecipe o l'equanimità. Scelgo di inviare il bene se sento che il cuore è contento al pensiero dell'altro o che io o l'altro manchiamo di qualcosa e ci occorrono benedizioni. Se sento che qualcuno soffre o che io soffro, dopo aver percepito di cosa si tratta invio la compassione. Se sento la gioia di qualcuno e vorrei partecipare, o al contrario sento la mia invidia, invio l'augurio della gioia duratura e partecipe. E infine se sento ingiustizia o assenza di responsabilità, o in me la non accettazione di un cambiamento, invio le frasi dell'equanimità, l'equilibrio tra quello che accade all'esterno e il nostro modo di riceverlo responsabilmente.

E quasi impercettibilmente mi trasformo. Mi trasformo in una piccola stazione ferroviaria di provincia. Di solito è sera. I treni arrivano e ripartono, non troppi, solo alcuni. Io sono un minuscolo capostazione un po' infreddolito, ho un grande cappotto e un cappello con la visiera. Il mio compito è di far partire puntuali i treni nella direzione giusta, con il loro carico di compassione, di gentilezza amorevole, di gioia e di equanimità.

Poi spengo le luci, chiudo il cancelletto della stazione e torno a casa, con le mani allacciate dietro la schiena, piano piano. Spesso c'è la neve. Sorrido.

Cosa intendo, mi chiedo, con la parola «bene» quando lo invio a me stessa o agli altri? Certamente, lo stare bene nella propria pelle, nel corpo e nella mente. Trovare un proprio punto d'appoggio nel mondo, come fanno gli uccelli con i rami e lí trovarsi a proprio agio, intonati al luogo e al momento, e fare un dono agli altri. Avere la forza della consapevolezza: non solo ricevere le sue visite, ma saperne reggere la sfida, la sua forza rivoluzionaria, il suo sguardo sovversivo su se stessi e sul mondo. Seguire le invisibili linee. Vedere con limpidezza e profondità dentro di sé e dentro gli eventi e i fenomeni che incontriamo. Avere la risolutezza di tenere fede alle visioni profonde che sorgono e tradurle in azioni. Saldarsi alle parole, non lasciarle uscire da sole, non lasciarle orfane nel mondo, ma legarle al respiro, al cuore pensante, alla riflessione. Essere gentili senza scadere nella compiacenza, senza venir meno al proprio profondo sentire, ma condividerlo senza imposizioni, con parità e senza alcun intento di colonizzazione. Sapersi proteggere. Aver cura di sé, e quindi degli altri. Vedere il mistero che ci circonda ovunque. Sapersi inchinare e chiedere rifugio. Potersi abbandonare al sonno, perché ci si sente in un luogo abbastanza protetto. Potersi sfamare e dissetare. Poter reggere l'insoddisfazione e interrogarla e vederla trasformarsi in spazio aperto. Studiare il proprio carattere e poterne ridere quando va allo scontro con il carattere dell'altro, poterlo lasciar cadere come un costume di scena. Amare e lasciarsi amare. Vivere, respirare, meditare per addestrarsi a essere nulla.

Ho bisogno di svegliarmi, di essere presente a me stessa e alle realtà che mi circondano, risvegliare il pensiero, il sentire, il corpo. Non automatizzarmi, non vivere come una sonnambula, separata da me stessa e dal resto del mondo, anche se fa male, anche se è scomodo. Esercito il risveglio con una pratica istantanea che mi dà anche gioia ed esuberanza: nei momenti neutri, andare da una stanza a un'altra, lavarmi, lavare i piatti, vestirmi; o in quelli difficili, portare qualcosa di pesante, ammalarsi, non dormire; o in quelli belli, leggeri, mi dico: «Questo è il momento!» Mi lavo i denti un po' annoiata, come se solo dopo potessi iniziare a vivere: «Questo è il momento!», e arriva subito il soffio di gioia dello scoprirsi vivi, presenti. Ogni attimo è una soglia, ogni azione è un rito, tutto pulsa di vita, tutto è sacro. «Questo è il momento!» Proprio ora, assapora.

E poi ci sono le ferite che non guariscono, quelle che non guariranno mai. Sono le ferite che difendono la dignità. Vanno tenute in vita. Non si accettano inviti a dimenticarle, a placarle, a addomesticarle. Non si può preferire il benessere alla verità. E ci verrà offerto molte, molte volte, dalle piú diverse persone. Ci diranno che le ferite restano perché non si perdona, e sapremo che perdono significa oblio. Ci diranno che soffriamo perché non lasciamo andare, e sapremo che si tratta del complotto per salvare la faccia ai violenti, per coprire il male, per zuccherarlo, e vivere nella menzogna.

Sulla lavagnetta della cucina, la mia amica Stefania ha scritto questa frase di Adrienne Rich: «Chi non ha memoria vive nella menzogna».

Esiste una lotta, tra chi vuole fare del mondo un posto grazioso, avvolto dal pensiero positivo e dal nascondimento delle tenebre e chi nelle tenebre c'è stato, ne ha i segni addosso e vuole vivere, ma non vuole dimenticare, vuole stare nell'onore al vero. È una lotta all'ultimo respiro, non bisogna soccombere e non si tratta di diventare violenti ma saldi, decisi, feroci: la verità dell'esistenza, la dignità di portare ferite, non si tocca. E non si tratta. Non si scende a patti. Il mondo è anche un inferno e chi c'è stato vuole ricordarlo, e dirlo.

Nel Buddhismo Mahāyāna, esistono i *bodhisattva*, cioè esseri che pur avendo raggiunto il Risveglio, e quindi terminato il loro ciclo di esistenze terrene, rinunciano al Nirvana e continuano a reincarnarsi, per compassione, per essere al servizio di chi soffre. Uno di essi è Kṣitigarbha, che ha scelto di rimanere tra di noi finché tutti gli inferni non saranno svuotati, ed è negli inferni che vive, per stare al fianco di chi soffre estremamente.

Quando scegliamo di credere alle nostre profonde ferite, di ascoltarle, di diventare i loro traduttori, allora le ferite si trasformano in pozzi. Ci fermiamo, quando la vita sembra oscurarsi e spingerci via da sé, e ascoltiamo la voce che dal fondo del pozzo parla di quello che ci sta succedendo, e che spesso è una riproposizione del passato. Va ascoltata con equanimità, senza essere a favore o contro, va ascoltata in pieno corpo. Il pozzo è nel cuore. Non sempre narra, non sempre ha parole. Ma urli, sussurri, ululati sí. Se ascoltiamo con quiete, sapremo quanto valore e preziosità c'è in certe ferite, quanto non siano contemplazioni egocentriche, ma pezzi di oscurità che vogliono essere portati alla luce. Sono animali della notte che chiedono di essere traghettati nel giorno per essere visti nel loro tremore, per sapere che la ferocia è ricerca di protezione, per sfamarli. Sono le "brutte cose" stanche di essere considerate tali.

Solo chi è ferito conosce cosa fare, come interrogare una ferita. Disonore a chi non ha mai vissuto in un inferno e crede di poter parlare di archiviazione del male o di guarigione a chi ci ha vissuto e ne porta i segni, indelebili.

«L'inferno dei viventi non è qualcosa che sarà; se ce n'è uno, è quello che è già qui, l'inferno che abitiamo tutti i giorni, che formiamo stando insieme. Due modi ci sono per non soffrirne. Il primo riesce facile a molti: accettare l'inferno e diventarne parte fino al punto di non vederlo piú. Il secondo è rischioso ed esige attenzione e apprendimento continui: cercare e saper riconoscere chi e cosa, in mezzo all'inferno, non è inferno, e farlo durare, e dargli spazio»[17].

[17] I. Calvino, *Le città invisibili*, Einaudi, Torino 1972, p. 170.

Ormai è quasi un anno che sono qui. Ho visto le quattro stagioni. Il bosco è sempre piú un amico guaritore e un Maestro. L'insegnamento è quello di non perdersi dentro di sé, di guardare fuori, il mondo. E tessere il silenzio ascoltando i suoni, i paesaggi sonori. E cambiare occhi. Occhi nuovi e silenziosi vedono i miracoli. Non li nominerò, per pudore e per rispetto della nostra intimità, mia e del bosco.

I miei amici del cuore e Maestri sono quattro querce rosse e il ciliegio selvatico. Il ciliegio è sempre cosí aperto, non c'è volta che lo avvicini senza che mi regali qualche parola. Sa tutto di me, lo sa dalla corteccia. E mi consola e mi dà direzioni e misure.

Le querce sono molto piú zitte. C'è voluto del tempo perché mi parlassero, ma è una relazione diversa. Sono molto accoglienti fisicamente, e cosí tacciamo insieme. E ogni tanto una dice una parola. «Giocare». Oppure: «Silenzio».

Ormai ho capito che l'asino bianco resterà ai pascoli recintati sulla collina per tutto l'inverno. È doloroso perché lui mi ascoltava e poi mi abbracciava, e anche baciava, senza mordere. Se mi perdevo, mi accompagnava fino al sentiero e controllava che lo imboccassi. Se avevo paura dei tori si metteva tra me e loro. Era un'apparizione grande e bianca che mi correva incontro ragliando al cielo.

Ci sono altri asini, in un altro punto del bosco: due piccoli e due piú adulti. Sono simpatici e semplicemente, allegramente espansivi. Ma non sono l'asino bianco. Imparo ad aspettare. Ad avere fiducia nel ritorno. A sentire il cuore che morde.

Tra meno di un anno, lascerò anche questo bosco: sarà finita la nostra casa nel fitto di un altro bosco, raggiungibile solo a piedi o con un fuoristrada. Mi sto preparando. La vita ha pensato a me, mi ha fatto arrivare in questo piccolo paese, restare, trovare un bosco, e un giorno sarò pronta per inoltrarmi ancora di piú nel fitto e nella solitudine. Nel fitto della solitudine.

«Quando la vita ci guida su un nuovo sentiero non bisogna avere paura»[18].

---

[18] K. Abdolah, *Il sentiero delle babbucce gialle*, trad. it. di E. Svaluto Moreolo, Iperborea, Milano 2020, p. 224.

Leggo in un libro dello scrittore islandese Jón Kalman Stefánsson: «Le verità del cuore non sempre si accordano con quelle del mondo. Per questo la vita è incomprensibile. È dolore. È tragedia. È la forza che ci fa risplendere»[19].

Spessissimo non sono intonata al mondo, stono. Spessissimo prendo male qualcosa che male non è: magari ha piú strati, magari non è luminoso o consapevole, ma dicono che male non è. Eppure fa male.

Schiudere i silenzi degli alberi, la loro ritmica, mi è meno ostico che interpretare le parole umane. È il limite incancellabile di ferite avvenute troppo presto, quando ancora le parole non facevano mappa, quando il male lasciava in uno stupore privo di giudizio, quando invece il giudizio sarebbe stato un bene preziosissimo, una bussola contro lo smarrimento dell'impossibilità di pensare il male come parte della vita.

Le verità del cuore quasi mai si accordano a quelle del mondo. Ci vogliono coraggio e capacità di solitudine interiore per lasciar parlare i pensieri del cuore, le sue visioni di interstizi. Ascoltare le parole del cuore è pericoloso. Si diventa guerrieri. Disarmati, ma con

[19] J. K. Stefánsson, *Storia di Ásta*, trad. it. di S. Cosimini, Iperborea, Milano 2018, p. 472.

dentro la forza dei marosi della risonanza. Imparare a tener dentro di sé i marosi senza far trapelare suoni fa rischiare l'implosione. Parlare nell'immediato fa restare soli: non una solitudine scelta, ma quella degli scacciati, degli esclusi. E ustiona la gola. Forse bisogna trovare un ritmo non sincopato, un'alternanza di respiro-silenzio-parola-respiro che consenta agio nel disagio, dimora nella scomodità. Forse alla fine si viene scacciati lo stesso, espulsi senza urli, ignorati a poco a poco. Ma almeno senza ustioni.

E poi ci sono quelli che restano, che si siedono con noi e dicono: «Parliamo». Rarissimi.

Ma oggi guardavo il cancello della cascina in cui vivo, con i rametti di agrifoglio e di pino messi da poco tra le sbarre per dire "ci siamo anche noi", e un pettirosso si è posato proprio lí – sembrava la tessera mancante di un mosaico di neve e creature –, per un attimo solo, guardandosi intorno, un attimo perfetto, poi ha ripreso il volo. Non è rimasto il vuoto, ma l'infinito variabile delle possibilità. Ecco, raro cosí.

È insoffribile il male di quando l'altro non ci ha fatto niente, o lo ha fatto inconsapevolmente, o soffre per qualcosa che non ci riguarda, o nega. Renderlo soffribile è già un passo verso l'accessibilità al cuore, la fucina dell'alchimista. Legittimarsi: «Io sento male», e spostarsi, togliersi dal quadro narrativo, sentire il male come male, nel corpo, precisamente, nel luogo esatto in cui ci tocca, senza cercare la causa, i motivi, le ragioni. Senza gioco delle parti. Il dolore è una soglia che si apre piano piano su un luogo molto ampio, forse infinito. Laggiú o lassú non c'è piú io e non ci sei piú tu, né voi, né noi, né loro. È un luogo vuoto dove tutto ha il diritto di passare, di transitare e di svanire. In quel luogo ci si scioglie. E allora si può chiedere a quel vastissimo nessuno che ora siamo: «Di cosa hai fame e sete, cuore? Di cosa manchi? A me puoi dirlo».

Il cuore sta tra testa e pancia, non è condensazione di pensieri, eppure riflette; non è impetuosità, eppure è ardore. Il cuore è una zona ampia, tra le due ascelle, da sotto la gola fino al petto, ha anche una parte posteriore, tra le scapole; è il cuore piú vecchio, quello tante volte accoltellato alle spalle, quello che ricorda e freme presentendo il pericolo e ha bisogno di essere ascoltato nella presenza del puro sentire, ora.

Frequentando quel luogo senza confini può accadere che anche la realtà del dopo, quella degli occhi aperti e del rischio dell'altro, cambi. E può accadere invece che resti tutto come prima. Eppure...

Qualcosa in noi è cambiato, si è confezionati su misure immisurabili, ora sappiamo un segreto, un indirizzo dove si accoglie ogni male, anche quello che nessuno ci ha fatto, e si smisura: così grande diventa, così immenso e così trasparente che rende sempre più vasto il cuore fino a essere tutto cuore, universo che pulsa con noi. Universo noi.

«Ogni filo d'erba ha un proprio angelo che lo inco-
raggia sussurrandogli: Cresci!», è scritto nel Talmud.

Mi è capitato spesso, nei periodi piú duri, quelli
di transito, di passaggio obbligato o di richiesta di to-
tale abbandono a misteriose e quasi invisibili tracce,
che spuntassero creature a incoraggiarmi, a sussurrar-
mi «Cresci!»: non in modo imperativo o severo, ma
piú come incoraggiamento, un "ce la farai", "diven-
ta piú grande del problema"; e certe volte nemmeno
quello, semplicemente uno schiudersi di magia in in-
cognito, sotto innocua parvenza.

Dopo anni di India, alla morte del Maestro, tor-
nai definitivamente a Milano. Ero fra i trenta e i qua-
rant'anni e la città si muoveva velocissima, lasciandomi
indietro, affannata: non avevo lavoro, persi gli amici,
ritrovata la casa, ma non l'aperto. Come prima cosa
dipinsi piccoli quadretti di finestre e li appesi sulla
parete vicino a un sofà dove mi sdraiavo a leggere o a
fissare il cielo e gli alberi. Aspettavo una vita, non per
forza nuova, anche una vecchia vita usata.

Il moltiplicare finestre mi faceva sentire meno chiu-
sa dentro, e iniziai anche a mettere pezzetti di pane
sui davanzali delle finestre vere. Gli uccelli, soprat-
tutto merli, venivano a mangiare fulminei. Ma solo
dopo qualche giorno mi accorsi che su un davanzale

venivano lasciati dei semi. Piccoli semi rosati, prima due o tre, e mi sembrarono casuali, magari portati dal vento, ma poi cominciarono a diventare cinque, anche sei alla volta, ogni mattina, e non c'erano piante nei dintorni. Era cominciata una corrispondenza, segreta, indecifrabile, ma era uno scambio. I semi mi hanno incoraggiata a intuire i segnali di un percorso, ad aspettare accesa, li conservo ancora.

Un giorno poi, mentre tentavo di leggere seduta alla scrivania, sentii battere al vetro della finestra, alzai lo sguardo: nessuno. Dopo qualche minuto, un altro leggero ticchettio e intravidi il guizzo di piume azzurre. Ogni giorno, piú volte al giorno, un fringuello venne a bussare ai vetri e, se cambiavo stanza, dopo un po' veniva a bussare dove mi vedeva. Durò qualche mese.

«Cresci, cresci!», mi dicevano i semi e i becchettii del fringuello, i suoi voli di ricognizione. Sono cresciuta cosí. Abitando il livello zero, accogliendo le visite, aspettando nell'insensatezza. Sono seguiti periodi difficilissimi, rotture mozzafiato, solitudini trascorse appesa a un filo, ma con i segni di essere accompagnata da creature misteriose e inafferrabili, messaggeri senza livrea, in incognito.

Forse la perdita piú grande nella vita di una persona è la perdita della magia. La fedeltà all'infanzia è il rifiuto e la lotta per non perdere l'incantesimo. Senza magia, morirei, morirebbero il mio sguardo e il mio ascolto, morirebbe la vita intorno e dentro di me. Bisogna fare grande attenzione al rischio degli assassini di magia.

Ho un amico che vive in un paese straniero con il suo bambino. Ci parliamo al telefono di un po' di tutto. E lui dice: «Niente di trascendente, adesso, nella mia vita, proprio non ce la faccio, solo cose concrete per mio figlio». Lo ascolto, non solo le parole, e poi gli dico: «Sei la sua terra». Lui ride.

Che trascendenza del proprio io essere la terra di qualcuno, penso a fine telefonata.

«La grandezza di una nazione e il suo progresso morale si possono giudicare dal modo in cui tratta gli animali», ha detto Gandhi.

Nel continuo crepacuore per il saliscendi di contagi, di ricoverati in terapia intensiva, di morti e di povertà disseminata, mi colpisce la notizia che a Roma, la notte dell'ultimo dell'anno, sono morti per i botti centinaia di uccelli. Il mattino dopo, i corpi senza vita degli storni erano riversi per strada. Razzi, petardi e fuochi d'artificio esplosi a mezzanotte hanno svegliato gli uccelli, che si sono alzati in volo tutti insieme, caoticamente: disorientati dal rumore, dal buio, molti di loro hanno sbattuto contro gli altri, tra i fili sospesi e contro case e palazzi, altri sono morti d'infarto per lo spavento. Non è notizia da poco. Non solo per il costante ignorare la morte in nome delle abitudini cosiddette "sociali", ma anche perché dietro questo comportamento c'è la solita visione di noi soli al mondo, padroni di cielo e terra senza alcuna percezione degli altri esseri, della loro vita, dei loro diritti, della nostra interdipendenza. Ed è stata questa visione cieca e l'invasione di habitat non nostri a farci ammalare di un virus forse molto piú antico di noi, che da tanto abitava la terra senza toccarci. Onore ai caduti.

L'uccello astrologo traccia
costellazioni e pianeti
su una tavoletta di sabbia.
Poi si alza il vento e...
i suoi disegni diventano polvere.

Com'è solido il nostro mondo...
eppure non è altro che granelli
di sabbia[20].

[20] Sis, *La conferenza degli uccelli* cit.

«La perdita è un'esperienza che pòrta a una strada nuova. Una nuova occasione per pensare in modo diverso. Perdere non è la fine di tutto ma la fine di un certo modo di pensare. Chi cade in un punto, in un altro si rialza. Questa è la legge della vita»[21].

Questo è stato per me, come per tanti, un periodo fertile per imparare a perdere. Perdere non come opposto di vincere, ma come opposto di tenere e trattenere. Ho lasciato la città in cui vivevo da sempre, salvo alcuni anni di ricerca. Ho lasciato gli scolari delle elementari a cui portavo la poesia e il modo per non averne paura, lasciandosi accendere. Ho perso gli allievi di meditazione, le serate insieme in cerca di silenzio e di vulnerabilità. Il rifugio per chi si allea con la gentilezza e la limpidezza. Ho perso persone care e taumaturgiche.

C'è stato un tempo per lo sgomento, il disorientamento di non sapere dov'ero, cos'era la vita in un piccolo paese di campagna e cosa sarebbe stata in futuro in una casa isolata nel bosco. Cosa stava succedendo al

[21] Mohammad Mogtari, poeta iraniano, citato in K. Abdolah, *Scrittura cuneiforme*, trad. it. di E. Svaluto Moreolo, Iperborea, Milano 2003, p. 303.

mondo e cosa rimbombava in me. Chi ero senza piú gli occhi che mi facevano sentire riconosciuta. Chi ero senza i miei libri, tanti libri. E in un luogo dove per vestiti bastano un paio di maglioni e due paia di pantaloni, una giacca a vento e dei buoni scarponi. Ero rintanata e a occhi chiusi, ma respiravo. E stando nel punto della caduta, ho finito per scorgere il punto in cui ci si rialza.

Ho trovato la convivenza con un uomo che al mattino si sveglia felice come un uccello e che è buono per natura, senza nemmeno saperlo. Scoperto due amici sinceri e non "adattati", ancora frescamente folli, nonostante la chiusura obbligata del loro teatro. Ho trovato il bosco, l'amicizia con gli alberi, il fare lenta conoscenza con loro. Gli animali misteriosi, che ti accolgono gradualmente, guardandoti con la coda dell'occhio, studiandoti, mettendoti alla prova, e con cui alla fine festeggiarsi insieme o andarsene per vie separate. Ho riscoperto le stagioni, soprattutto le meraviglie dell'inverno, i fiori di ghiaccio, le forme, le figure, i disegni del gelo. La luce lunare che si accuccia nel ghiaccio e lo illumina dall'interno. Le sue geometrie misteriose. Gli alberi caduti dopo la neve. La neve. Il suo coprire con equanime eleganza ogni erba, ramo, foglia, cespuglio, muschio, sasso, albero.

Ho trattato con la solitudine, l'ho assaggiata e assaporata e infine scelta con dolore e stupore, amandola piú di una sorella, dormendo con lei, svegliandomi con lei, andando con lei nel bosco, con lei lavorando, scrivendo e leggendo. Mai sola, insieme a lei.

Sto guardando i miei pensieri cambiare, l'ansia diradarsi, cosí, senza oggetto com'è ora. Il desiderio di stare nascosta. Il desiderio di condividere. E l'intensità di incontrare qualcuno e toccarsi il cuore senza toccare il corpo. Guardarsi negli occhi, sorridere, inchinarsi, tacere.

E i morti, i morti solo numerati, sentirli alle spalle mentre entro nel bosco, inoltrarsi insieme e poi disperdersi, non piú numeri, ma esseri volatili, pellegrini verso il divenire spazio.

E dedicare pensieri a chi è in emergenza, braccato in altri boschi, su altri monti, scappato dalla guerra, dalla violenza, dalla fame, chi naviga e annega e annegano le sue tasche con i pochi riconoscimenti d'esistenza e quelli che sbarcano e diventano nello stesso istante banditi. Come tenere tutti, tutti dentro, come farsi abbastanza ampi per alberi, animali, rocce, fiumi, astri ed esseri umani? Non lo so. Come amare sapendo che la separazione ci aspetta? Come essere pienamente e saper sparire? Non lo so. Sono le leggi della vita, le sue imperscrutabili coreografie, danze per non vedenti, un soffio leggero ci sfiora la faccia e le mani e pur non vedendo sappiamo: la danza continua.

Ho una sensazione strana e per me davvero inedita: mi sento adatta a questa epoca. Proprio questa, con la pandemia, il crollo economico, la politica miserabile, la confusione, l'assenza di sogni sul futuro, le tessere del domino che, cadendo, trascinano tutte le altre: proprio a questa mi sento adatta. Questa, con la fame, la fuga dalla guerra e dalla violenza, per incontrare naufragi, altra violenza, rifiuto, indifferenza. Questa, dove la natura si allontana da noi, gli animali si estinguono, gli alberi vengono abbattuti, il pianeta si riscalda e il clima si scombina. Le persone disimparano a parlarsi e ascoltarsi. Tutti sono offesi di qualcosa. Tutti sono in credito. Tutti si sentono vittime e le vittime vere annaspano e muoiono silenziose, o si affannano per scampare e non si sa come andranno a finire. Mi sento *adatta*. Perché lo so da sempre che finiva cosí con gli alberi e gli animali, lo sentivo da bambina il loro orlo del baratro, il loro abitare in costante pericolo, essere solo merce, vivi solo per appartenere a un'altra specie, per servirla.

E perché ho conosciuto proprio all'inizio il peggio dell'umano e ho passato la vita a ricucire brandelli di fiducia perduta, a cercare di orientarmi in un mondo disorientante, tra parole taciute e altre menzognere, nella follia che era solo eccesso di dolore e tentato esperimento con la verità, nella normalità che era regole fisse e non scritte, rigori non condivisi, esclusioni arbitrarie, forme e stili dettati dai prepotenti per far sentire inadeguati tutti gli altri. E la proibizione di parlare per le voci diverse, per le diverse forme di mutezza.

Ora tutto crolla. Ma cosa crolla? Quello che stava in piedi solo sulle spalle e sulle schiene di altri, umani, animali o vegetali che fossero. E le parole sono esangui o invelenite, ma hanno comunque perso i sensi.

Sono adatta. So come stare al mondo, questo mondo a pezzi. Lo so senza saperlo. So come far sentire a casa qualcuno. Come ascoltare senza consolare. Come inchinare il cuore insieme al corpo. Come celebrare i bambini e la loro preveggenza. Lo so perché non so niente. Come allargare le braccia e accogliere. Come tenerle lungo il corpo e accogliere. Come vivere in punta di piedi. Come vacillare. Lo so perché ho iniziato la vita con il non essere accolta. So grazie al dolore. E quello che so è: «Non cosí». E obbedisco. Conosco il tempo arso dell'emergenza e la fierezza senza centro con cui la natura raccoglie i lembi della distruzione e continua i cicli del nascere-morire-rinascere.

Ho preso una decisione: diventerò una persona serena. Hanno riso tutti: non si può *diventare* sereni. Può darsi, ma lo farò lo stesso. Non concederò piú tempo alle voci che profetizzano solo il crollo senza sentire la necessità di cadere per potersi rialzare. Non ascolterò le voci che dicono: «Andrà tutto bene». Non ascolterò chi affonda il cuore e chi lo fa levitare. Anzi, ascolterò senza credere. Starò con il male come male, senza infiorarlo né velarlo, lascerò che passi in me come una tempesta e gli domanderò cosa sente, perché percuote furiosamente tutto, perché non si lascia ascoltare. E ho un'indomabile fiducia. In cosa? Non lo so, è senza nome.

C'era una volta un bambino con un sacchetto di sassi; dovunque il bambino andasse il sacchetto andava con lui. Certe volte, il bambino avrebbe voluto perderlo per essere leggero come gli altri nella corsa, per saltare con le rane e i caprioli, per addormentarsi su un cuscino qualunque.

Ma altre volte, il bambino era felice del suo sacchetto di sassi. Erano le volte in cui soffiava un vento forte e i sassi tenevano il bambino ben attaccato a terra; nelle notti buie c'era sempre qualcosa su cui contare e sotto la pioggia il sacchetto di sassi gli proteggeva le spalle.

Cosí il bambino prese a rispettare e a custodire i suoi sassi, ad amarli. E i sassi sentirono il loro cuore diventare leggero e in una sola notte divennero piume.

Allora il bambino, con quel leggerissimo carico sulle spalle, poté finalmente inchinarsi fino a terra, riconoscente.

«Ma a noi restano le gialle pareti delle case illuminate dal sole, i nostri libri e tutta la cultura umana, costruita da noi sulla strada verso l'amore.

E il precetto di essere leggeri.

E se fa molto male?

Traduci tutto su scala cosmica, prendi il cuore tra i denti, scrivi un libro»[22].

[22] V. Šklovskij, *Zoo o Lettere non d'amore*, trad. it. di S. Leone e S. Pescatori, Einaudi, Torino 1966, p. 28.

Appendice

Mi inchino tre volte cercando rifugio nel Risveglio (il *Buddha* che vive in me), nella capacità di accogliere le cose cosí come sono (il *Dharma*), nell'etica che accomuna (*Sangha*).

Mi siedo e presto attenzione a dove sono, alla luce che c'è, all'atmosfera, ai suoni.

Scelgo una postura dove la schiena possa stare facilmente dritta come il tronco di un albero e le gambe incrociate le siano radici. Sento i punti di appoggio. Lascio cadere le spalle, socchiudo leggermente le labbra, la mascella si ammorbidisce. Poso le mani sulle gambe o una sull'altra. Sento il tocco dei vestiti con la pelle e quello dell'aria dove la pelle è nuda. Sento la postura del cuore: posso prepararmi ad accogliere tutto quello che verrà?

Delicatamente, lascio che si chiudano gli occhi, le palpebre leggere come petali.

Porto una morbida attenzione al respiro, come farei con una farfalla: ne osservo i particolari, il respiro entra in me, seguo il suo percorso nel corpo, avverto la piccola pausa e poi l'espirazione, seguo il suo uscire nel mondo, lo accompagno, avverto la pausa prima che ritorni una nuova inspirazione. Sto con il respiro come con un filo sacro, è in me dalla nascita, lo benedico, lo accompagno con attenzione devota. Gli sorrido.

Se la mente è irrequieta, dico: «Parole, parole», senza astio ma con avvedutezza e lascio delicatamente andare, tornando alla conoscenza intima con il respiro.

Quando la mente si acquieta, invito quello che duole o che è rimasto sospeso o che crea irrequietezza a venire al cospetto del cuore. Non sono né pro né contro, lascio essere, assaporando nel corpo l'impatto con l'emozione. Non mi lascio portar via, non commento, non nego: sto, respirando e aprendomi alla visita. Se cambia, lascio che cambi e avverto com'è nel corpo il cambiamento.

Frequentemente chiedo: «Cosa sento?» e lascio che il corpo-mente-cuore sappia di sentire e risponda.

Se mi distraggo, senza rimproverarmi torno al respiro e se c'è quiete posso chiedere: «Dov'ero? Cosa mi ha rapito?» e lascio essere nel corpo-mente-cuore quel che si rivela, sempre solo sotto forma di sensazioni, non di commenti o di spiegazioni.

Se i pensieri iniziano a proliferare, torno alla semplicità del respiro.

Se c'è ottusità o sonnolenza investigo: «Cosa sei? Dove sei? Da cosa fuggo?» Senza rispondere.

Quando il cuore è presente e ben spazzato posso continuare la pratica del non-agire, lasciar essere e lasciar passare fino alla fine della seduta, oppure visitare una delle quattro dimore divine, quella che più si adatta al momento: gentilezza amorevole se sento mancanza o avversione, compassione se sento dolore o dispiacere, mio o di qualcun altro, gioia empatica se avverto invidia o confronto insano, equanimità se sento il bisogno di equilibrio e di giustizia, di accoglienza senza prendere posizione contro o a favore. Da quella dimora invio a me e ad altri l'augurio, la benedizione che sento necessaria.

Termino la pratica con la dedica dei meriti (dell'e-
nergia che si è risvegliata) a tutti gli esseri senza distin-
zioni oppure a tutti gli esseri che sono in emergenza,
e se ho qualcuno che mi sta a cuore e sta soffrendo
posso aggiungere il suo nome.

Di nuovo cerco i Tre Rifugi negli inchini.

Sono pronta a continuare a praticare nella vita:
«Questo è il momento!»